学校教育・
実践ライブラリ
Vol. 4

働き方で学校を変える
やりがいをつくる職場づくり

学校教育・実践ライブラリ　Vol.4

連載

創る—create

44	田村学の新課程往来④ 校内研修を質的に転換しよう	田村　学
46	続・校長室のカリキュラム・マネジメント④ コミュニケーションとは関係性を食べる？	末松裕基
48	ここがポイント！　学校現場の人材育成④ 学校現場におけるOJTによる人材育成〈その1〉	高野敬三
70	講座　単元を創る④ 見方・考え方を働かせた学習活動	齊藤一弥
72	連続講座・新しい評価がわかる12章④ 評価観点「知識・技能」	佐藤　真
74	学びを起こす授業研究④ 地域を挙げて目指す資質・能力を育む授業づくり	村川雅弘
84	進行中！　子どもと創る新課程④ 季節や地域行事に関わる活動［幼小交流　第2学年生活科］ ――園児との七夕交流活動を通して	鈴木美佐緒

つながる—connect

50	子どもの心に響く　校長講話④ 糸なし糸電話	手島宏樹
78	カウンセリング感覚で高める教師力④ Active Listening を考える	有村久春
81	ユーモア詩でつづる学級歳時記④ 「かみなり」	増田修治
82	UD思考で支援の扉を開く　私の支援者手帳から④ 原因論にまつわる煩悩（3） ――「グレーゾーン」と思いたくなる煩悩	小栗正幸
86	学び手を育てる対話力④ 深い学びをもたらす学習課題	石井順治

知る—knowledge

38	解決！　ライブラちゃんの　これって常識？　学校のあれこれ④ 「単」と「元」が合わさるとどうして「ひとまとまり」になるの？［前編］［宮城教育大学教授　吉村敏之］	編集部
40	本の森・知恵の泉④ いくつになっても人生は試行錯誤 ――『100年人生　七転び八転び』	飯田　稔
42	リーダーから始めよう！　元気な職場をつくるためのメンタルケア入門④ ストレスサインが出現し始めた時のセルフケア〈その1〉	奥田弘美

特別寄稿

56	子どもたちと地球と宮古島の出会いの物語――ウニの海を取り戻せ！	善元幸夫

カラーページ

1	Hands　手から始まる物語④ 千葉県、31歳、ブータン人仏画師	関　健作
4	スポーツの力［season2］④ コメントを凌ぐタレントに期待	髙須　力

手 Hands から始まる物語
[第4回]

千葉県、31歳、ブータン人仏画師

細かい作業の連続。この絵は1か月ほどかけて仕上げるそうだ。

繊細な筆先の動きはずっと見ていられるほどの美しさと清らかさがあった。極彩色の仏の世界を描き出す、その腕一本で日本にやってきたブータン人を紹介したい。この取材をしていくにつれ、職人の技はアスリートのような自己鍛錬の結晶なのだということに気付かされる。

photo & text 関 健作
KENSAKU SEKI

［上］これまで描いてきた仏画とプンツォさん。
［下］いくつもの筆と絵の具を使い分けて描いていく。

●せき・けんさく　1983年、千葉県に生まれる。2006年、順天堂大学・スポーツ健康科学部を卒業。2007年から3年間体育教師としてブータンの小中学校で教鞭をとる。2010年、帰国して小学校の教員になるがすぐに退職。現在フリーランスフォトグラファー。
［受賞］2017年　第13回「名取洋之助写真賞」受賞／2017年　APAアワード2017　写真作品部門　文部科学大臣賞受賞
［著書］『ブータンの笑顔　新米教師が、ブータンの子どもたちと過ごした3年間』（径書房）2013
［写真集］『OF HOPE AND FEAR』（Reminders Photography Stronghold) 2018／『名取洋之助写真賞　受賞作品　写真集』（日本写真家協会）2017／『祭りのとき、祈りのとき』（私家版）2016

　ぼくの地元、千葉県横芝光町、小さな工房で日々細い筆を動かし続ける一人の仏画師がいる。ブータン出身のプンツォ・ワンディさん31歳。彼の描く仏画は非常に繊細で艶やかだ。近くに寄ってみると、彼の丁寧な筆づかいを感じることができる。大きさにもよるが1か月から3か月もかけて一つの作品を仕上げる、気の遠くなるような細かい作業の連続だ。
　プンツォさんはパートナーの石上陽子さんと2018年1月に日本にやってきた。2人の出会いは2011年ブータンの首都ティンプー。石上さんはブータンの国立伝統工芸学院の入学を許されたとても稀有な日本人で、同じ仏画科の2学年上のクラスにいたのがプンツォさんだった。プンツォさんは言葉も文化も違う中で一生懸命に仏画を学ぶ石上さんを放って置けなかったという。2人は意気投合しその後結婚することになった。工芸学院を卒業後、プンツォさんはブータン仏教界の巨匠といわれるロッペン・トプゲの下で研鑽を積みながら、2人はブータンでつましく暮らしていた。
　しかし2017年、石上さんの父親が体調を崩したこ

改装してできた工房の前で、パートナーの石上陽子さんと。

とがきっかけで、2人は今後の人生を考えたそうだ。石上さんは父親のためにも日本に帰り、そばにいてあげたいという想いが強くなっていった。プンツォさんも日本へ行くことを真剣に考えていた。それは、仏画師としてのキャリアの悩みもあったからだ。巨匠ロッペン・トプゲ師の下で働いていれば、仕事が尽きることはないし、名誉ある大きな仕事に関わることができる。仏教国ブータンではお寺の壁画に携わる仕事はたくさんある。しかし、職人社会では人の下で働いている限り給料には限界があり、今後の将来を思い描くことができずにいたのだ。

そんな状況のなかで、義父が倒れてしまった。「これは何か意味があるのでは？ ブータンでも日本でも一生修行を続けていくことは変わらない」と思い、流れに身を任せることにしたそうだ。

そして2人は新天地、日本で絵師として生きていくことを決めた。ブータンは仏教国であり、人々は仏画師に対して尊敬の念が強い。仕事も定期的にある。しかし、日本ではブータン伝統美術は馴染みがない。しばらくして体調を崩したのはプンツォさんだった。日本語ができない。悩みを話せる仲間がいない。仕事がない。お金が入らない。充実感がまったく得られない。そんな状況が重なり、精神的に追い詰められてしまったという。

苦しい現実と向き合いながら、それでもプンツォさんは毎日筆を動かし続けた。そして2人が取り組んだのが、工房をつくることだった。石上さんの家族が経営していた質屋を自分たちの手で改装。少しずつでも目に見える成果があり、前に進んでいるという実感がプンツォさんの心の支えになった。完成した工房は2人が一番落ち着ける居場所にもなった。

工房ができて1年、個展を開催し作品を購入してもらえるお客様も現れた。徐々に日本人のつながりもできてきた。それでも彼らの挑戦ははじまったばかりだ。

プンツォさんは話す。「仏画師はどんな状況でも描き続けなければいけない。少しでも休んでしまうと、積み重ねた感覚を取り戻すのが難しくなるんです」

今日も工房でプンツォさんは細い筆を動かし続けている。

今後はコメント以上に注目したい久保健英

コメントを凌ぐタレントに期待

　弱冠18歳の久保健英に関する報道が過熱している。レアルマドリーへの移籍、日本代表デビューとコパアメリカでの活躍。特に、久保に期待したくなる点が抜群のコメント力だ。

　代表デビューが期待されたトリニダード・トバゴ戦でベンチ外となった翌日、感想を求めた記者に「それをここで話して良いことは何もありません」と意地悪な質問を華麗にかわした。コパアメリカでは流暢なスペイン語で会見を仕切った。多感な10代前半をバルセロナで過ごしたから身についた感覚なのか、今までにいないタイプだ。

　これまで日本のサッカーにはその時代を象徴する選手がいた。パイオニアとして黎明期を支えた三浦知良。孤高の先駆者として世界の扉をノックした中田英寿。有言実行のビッグマウスで仲間を鼓舞し続けた本田圭佑。彼らに共通するのは能力や技術ではなく、誰よりもサッカーを愛し、どうすればステップアップできるのかを考え続ける賢さだ。久保も同じ系譜にあるのではないかと期待してしまう。が、過度の期待は禁物である。彼はまだ何も成し遂げていない。プロサッカー選手としてやっとスタートラインに立ったばかりなのだ。

[写真・文] **髙須　力** たかす・つとむ
東京都出身。2002年より独学でスポーツ写真を始め、フリーランスとなる。サッカーを中心に様々な競技を撮影。ライフワークとしてセパタクローを追いかけている。日本スポーツプレス協会、国際スポーツプレス協会会員。http://takasutsutomu.com/

Contents

特集
働き方で学校を変える〜やりがいをつくる職場づくり〜

●インタビュー
- 14 授業と校務の一体改革で活力ある職場づくり
  西留安雄［高知県教育センター若年研修アドバイザー］

●論考──theme
- 22 新学習指導要領の全面実施のタイミングは教師が成長するチャンス ──── 野口　徹

●事例紹介──report
- 26 秋田に学び、目の前の子供たちに生かす協働の授業づくり
  北海道白老町自主サークル「能代会」

●随想──essay
- 28 家と学校とごみ捨て場の三角形、そしてときどき四角形 ──── 八釼明美

●オピニオン──opinion
- 30 今、「やりがい」を見出す力を ──── 長尾剛史
- 31 教師がやりがいを感じ笑顔で教壇に立つ学校に ──── 石原正樹

●提言──message
- 32 モチベーションを高めるメンタルマネジメント ──── 清水隆司

エッセイ
- 8 離島に恋して！④ ──── 鯨本あつこ
  価値観をゆさぶる島々
- 52 リレーエッセイ・Hooray!　わたしのGOODニュース
  「手作り図書館」に幸あれ
  ──橋本五郎文庫8周年　［読売新聞特別編集委員］橋本五郎
- 96 校長エッセイ・私の一品
  中庭の思い出　［山形県山形市立鈴川小学校長］佐藤友宏
  校訓「努力は必ず報われる」　［静岡県伊豆市立中伊豆中学校長］相馬美樹子

ワンテーマ・フォーラム──現場で考えるこれからの教育
外国語（活動）──うまみと泣きどころ

- 63 チーム栗生で進める「外国語科の授業」
  ──「気付き」につながる素地・基礎を目指してステップアップ！ ──── 熊谷礼子
- 64 学級担任と共につくる外国語活動を目指して ──── 岡野有美子
- 65 Let's try English!!
  ──子供たちのおもいを叶える外国語へ ──── 三谷崇浩
- 66 「主体的・対話的で深い学び」をめざした授業づくりと集団づくり ──── 福田　恵
- 67 教育の現状と外国語教育のこれから
  ──小中学校を俯瞰して ──── 菅　正隆

- 10 教育Insight ──── 渡辺敦司
  教科横断的スキルの指導、研修も準備も国際的に遅れ
- 88 スクールリーダーの資料室
  昭和26年学習指導要領を読んでみよう（下）

離島に恋して！ リトコイ！ [第4回]

価値観をゆさぶる島々
東京11島 ［東京都］

初めて会った方に「離島の仕事をしている」というと「離島って沖縄？」と聞かれることが時々あります。もちろん沖縄には石垣島や宮古島のように有名な島がありますが、47都道府県のうち人が暮らす有人離島が最も多いのは長崎県で、その数51島。次いで沖縄の38島、愛媛32島、鹿児島26島と続き、意外に多いなと思ったのが東京都の11島でした（※）。

東京11島のうち、都心から最も近い大島は本土からも目視でき、島に渡って中心にそびえる三原山から本土側を臨めば、海と空の間に横たわる本土にちょこんと浮かび上がる富士山を愛でることができます。

そんな大島を皮切りに太平洋へと広がる東京離島の世界は意外づくしで、一般人が立ち入れる島だけでも都心から1000km超の広範囲に及ぶことを、「離島って沖縄？」と聞く人はもちろん、多くの人が知りません。

離島経済新聞社を始めて間もない頃に、東京11島をぐるり1周する島旅に出掛けたことがありました。初めて訪れた大島で豊かな自然と温かい人々に感動し、次に訪れた神津島ではとろけるような金目鯛のお刺身と漁師の熱さに感動。純白のビーチが広がる

いさもと・あつこ　1982年生まれ。大分県日田市出身。NPO法人離島経済新聞社の有人離島専門メディア『離島経済新聞』、季刊紙『季刊リトケイ』統括編集長。地方誌編集者、経済誌の広告ディレクター、イラストレーター等を経て2010年に離島経済新聞社を設立。地域づくりや編集デザインの領域で事業プロデュース、人材育成、広報ディレクション、講演、執筆等に携わる。2012年ロハスデザイン大賞ヒト部門受賞。美ら島沖縄大使。2児の母。

NPO法人離島経済新聞社
統括編集長
鯨本あつこ

新島に、海中から温泉が湧く式根島を楽しみ、島から島へ。ひとえに東京の島といっても、全く違う個性をもつ島々の姿におどろきながら5島目の三宅島に上陸した頃、島を渡り進めるうちに自分の価値観がどんどん変化していることに気付きました。

三宅島は20年周期で大規模な噴火を繰り返している火山島です。最近では2000年の大噴火により当時約4000人いた島民が全島避難し、2005年に避難指示が解除され島の住民たちが戻ってきていました。

20年周期で噴火する島に住むのはどんな感覚なんだろう？　と思いながら、島の若者たちが集う酒盛りに参加すると、皆が活火山のように熱くパワフル。島焼酎を片手に「にがったけ（苦っ竹）」という三宅島島民がこよなく愛するタケノコの煮物を味わいながら、きらきらした笑顔で島の魅力を語らい、島への愛を綴ったオリジナルソングを歌う時間は深夜まで続きました。

都市では、コンビニや駅が近くにあるような利便性の高い場所や、流行りのファッションやグルメを楽しめる街が人気です。一方、東京11島にはコンビニはなく、荒天時には1週間以上、船が欠航する島も。利便性は低く、流行も追いかけづらいうえ、三宅島については20年に一度噴火をしているのです。でも、島に暮らしている人たちに聞けば、「それが島だからね」とあっさり。島の暮らしを楽しみ、愛し、鮮やかに生きる若者たちの姿に、私は利便性やファッションなどでは測りきれない豊かな生き方があることを知りました。

東京の島々を走る自動車のナンバーは「品川」で、定期船で片道24時間かかる父島の車も品川ナンバー。でも、ナンバーは同じでも、その暮らしや人の価値観は都心の真逆といえるかもしれません。

（※）『離島統計年報2017』（公益財団法人日本離島センター）。東京11島は一般人立ち入り禁止の硫黄島・南鳥島を除く。

写真左●伊豆大島から本土を眺めた風景
写真右●「にがったけ」の煮物。6月頃限定の味で少し苦いのが特徴

●有人離島専門フリーペーパー『ritokei』●
有人離島専門メディア『ritokei（リトケイ）』では、「つくろう、島の未来」をコンセプトに400島余りある日本の有人離島に特化した話題のなかから、「島を知る」「島の未来づくりのヒントになる」情報をセレクトして配信しています。
ウェブ版 www.ritokei.com

教育Insight

教科横断的スキルの指導、研修も準備も国際的に遅れ

教育ジャーナリスト
渡辺敦司

経済協力開発機構（OECD）が、2018年に実施した第3回国際教員指導環境調査（TALIS）の結果を発表した。日本の教員が「世界一忙しい」実態に変わりはなく、研修を十分に受けられない状況も深刻化している。新学習指導要領の全面実施に加え、Society5.0時代に向けた課題への対応も求められる中、「主体的・対話的で深い学び」（アクティブ・ラーニング＝AL）の基盤さえ不安定であることを国際的なエビデンス（客観的な証拠）で示したものと言えそうだ。

● 「世界一忙しい」をどう見るか

TALISは08年以来5年ごとに行っているもので、日本は前回（13年）から参加している。コア調査は前期中等教育段階（日本では中学校）の校長と教員が対象で、今回は前回より10か国（地域を含む、以下同じ）多い48か国が参加した。オプション調査として初等教育段階（同小学校）と後期中等教育段階（同高校）も実施されたが、日本が初参加した初等教育は15か国にとどまったため平均値は出されていない。日本不参加の後期中等教育は11か国。

以下、コア調査の結果を見ていくと、1週間当たりの仕事時間は前回に比べ2.1時間増の56.0時間となっており、引き続き参加国（平均38.3時間）の中で最長。このうち授業に充てる時間は18.0時間と0.3時間増えたものの、参加国平均の20.3時間には及ばない。

ただ、知育（教科等）を中心とする諸外国の「スクール」に対して、徳育（道徳・特別活動等）や体育（部活動等）も行うのが日本型教育の「学校」の特徴であり、それを教員が一体的に行う指導形態が「国際的にも高く評価され、効果を上げてきた」（文部科学省）面があるのも確かで、OECDがその代表格だ。

TALISについて日本の記者向けに映像中継で会見したアンドレアス・シュライヒャー教育スキル局長も、日本の教員の労働時間が長いのは社会全体に共通する課題であり、部活動などに多くの時間を割いているのも、それだけ生徒に接する時間が長いということであって「強みでもあり弱みでもある」との見方を改めて示した。

● 自己効力感の数値にも注意

教員の自己効力感を尋ねた項目では、学級経営に関して「生徒を教室のきまりに従わせる」「学級内の秩序を乱す行動を抑える」「自分が生徒にどのような態度・行動を示しているか明確に示す」「秩序を乱す、又は騒々しい生徒を落ち着かせる」がいずれも60％前後。参加国平均（80～90％台）に比べれば低いものの、謙虚な自己評価という文化的背景も差し引く必要があり、良好な結果だと

シュライヒャー局長は見る。指導に関して「生徒がわからない時には、別の説明の仕方を工夫する」は、学級経営に関する項目を上回る62.3％。

これらに比べれば、「生徒が学習の価値を見いだせるよう手助けする」（33.9％）や「勉強にあまり関心を示さない生徒に動機付けをする」（30.6％）、「生徒の批判的思考を促す」（24.5％）、「生徒に勉強ができると自信を持たせる」（24.1％）は低い。

「デジタル技術の利用によって生徒の学習を支援する（例：コンピュータ、タブレット、電子黒板）」も35.0％にとどまる。参加国平均は66.7％。新指導要領でも人工知能（AI）時代に備えて小学校からプログラミング教育を強化し、各教科等の学習でもICT（情報通信技術）機器の"普段使い"が求められる中、これも心配な数値と言えそうだ。

● ALが過熱する割には

新教育課程の実施にとって最も懸念される結果は、「主体的・対話的で深い学びの視点からの授業改善やICT活用の取組等が十分でない」（文科省発表資料）ことだ。前回のTALIS発表時にも文科省は「主体的な学びを引き出すことに対しての自信が低く、ICTの活用を含め多様な指導実践の実施割合は低い」としていたが、新指導要領告示の前からALが盛り上がっていた割にはこの間、授業改善が進んでいなかったことをうかがわせる。

具体的には、頻繁に行っている指導実践として「生徒を少人数のグループに分け、問題や課題に対する合同の解決法を提出させる」が44.4％（参加国平均52.7％）、「新しい知識が役立つことを示すため、日常生活や仕事での問題を引き合いに出す」が53.9％（同76.7％）、「生徒に課題や学級での活動にICTを活用させる」が17.9％（同51.3％）、「明らかな解決法が存在しない課題を提示する」が16.1％（同37.5％）にとどまっている。

とりわけ「教科横断的なスキルの指導（例：創造性、批判的思考、問題解決）」に関して、正規教育や研修に含まれていたと答えた教員の割合は53.7％（同69.3％）、指導に当たって「準備できている」「十分準備できている」と答えた割合は19.6％（同55.9％）と、いずれも低い。OECD加盟国平均の各65.1％、49.2％と比べても、国際的な見劣りは否めない。これまで総合的な学習の時間の実施を高く評価してきたシュライヒャー局長も会見で、この数値の低さを問題視した。

職能開発へのニーズは「担当教科等の分野の指導法に関する能力」63.5％（同12.8％）、「担当教科等の分野に関する知識と理解」59.2％（同11.8％）、「特別な支援を要する生徒への指導」45.7％（同23.9％）、「個に応じた学習手法」45.6％（同15.1％）、「生徒の行動と学級経営」43.2％（同14.3％）、「児童生徒の評価方法」43.2％（同14.3％）、「指導用のICT技能」39.0％（同20.0％）といずれも平均より高いが、前回と比べてもニーズが高まっている。

一方、職能開発に参加する障壁を聞くと、「日程が自分の仕事のスケジュールと合わない」が87.0％（同52.5％）、「家庭でやらなくてはならないことがあるため、時間が割けない」が67.1％（同37.6％）、「雇用者からの支援が不足している」が57.3％（同32.4％）など、高いニーズに応える体制はいまだにできていない。

中央教育審議会での「教育課程、教員免許、教職員配置の一体的検討」（文科省発表資料）でも、こうしたデータを正面から受け止め、有効な対策を講じることが求められよう。その際、OECDの発表資料にある「政府は教師と校長を信頼し…必要な自治権を与えるべきである」というシュライヒャー局長のコメントにも、耳を傾けたい。

教育関係者向け総合情報サイト
ぎょうせい教育ライブラリ
GRAND OPEN!

Since 2019

● 『学びのある』学校づくりへの羅針盤を基本コンセプトに、教育の現在に特化した総合情報サイトを開設しました！

「お気に入り」登録を！
https://shop.gyosei.jp/library/

▼「ぎょうせい教育ライブラリ」トップページ

「学校教育」の現場で今すぐ役立つ情報を発信していきます。

教育の現在が分かる無料メルマガ
「きょういくプレス」会員受付中

〒136-8575
東京都江東区新木場1-18-11
TEL 0120-953-431
株式会社　ぎょうせい

特集

働き方で学校を変える
やりがいをつくる職場づくり

長時間労働をはじめとする教師の過酷な勤務実態や、それによるメンタルヘルス不調・休職者の増加。こうしたことが教職への逆風となり、近年、教師の採用倍率の低下にさえつながっているといえます。ガイドラインによる勤務時間の上限設定などの施策が講じられるなか、目の前の課題に応えるため、今日も激務に向かう教師の働き方をどう変えていけばよいのでしょうか。教師が真に子供のためになることに注力し、やりがいをもって働き続ける学校をつくるには――。そのヒントを現場感覚で検討します。

- **インタビュー**
  授業と校務の一体改革で活力ある職場づくり
  西留安雄［高知県教育センター若年研修アドバイザー］
- **論 考――theme**
  新学習指導要領の全面実施のタイミングは教師が成長するチャンス
- **事例紹介――report**
  秋田に学び、目の前の子供たちに生かす協働の授業づくり
- **随 想――essay**
  家と学校とごみ捨て場の三角形、そしてときどき四角形
- **オピニオン――opinion**
  今、「やりがい」を見出す力を
  教師がやりがいを感じ笑顔で教壇に立つ学校に
- **提 言――message**
  モチベーションを高めるメンタルマネジメント

インタビュー

西留安雄 氏
高知県教育センター若年研修アドバイザー
（元東京都東村山市立大岱小学校長）

授業と校務の一体改革で活力ある職場づくり

　平成6年に東京都東村山市立大岱小学校長として赴任した当初、西留安雄氏が見たものは、学力と生活指導に困難をきたしている学校の姿だった。授業も旧態としており職場にも活力を感じなかったという。そこで、氏は「子供と向き合う時間の確保」を目指し、授業と校務を一体的に改革することで、教師の働き方を変え、子供の学びを変えていく。その成果は、在任6年の間に、学力で都内トップクラスに押し上げると同時に、人材の開発、新学習指導要領につながる主体的・協働的な授業スタイルを生み出した。今でも注目される"大岱改革"の具体を西留氏に聞いた。

特集 ● 働き方で学校を変える〜やりがいをつくる職場づくり〜 ●

当たり前を疑う

■学校改革の視点

——大岱小での学校改革の考え方は。

　私が学校改革を進めていく上で大切にした理念は、当時の学習指導要領が求めた「子供と向き合う時間の確保」とそのための仕組みづくりでした。

　子供は、教師と接する中で学力を高めていきます。これを改革の原点として、学校の中にある様々な"常識"を疑っていくことから改革は始まったのです。

　例えば、多くの学校は、これまで行ってきた一つ一つのことについて、変えることを躊躇したり、膨大な時間をかけて共通理解を図ろうとしたりします。しかし、これは子供と向き合う時間を削っていることが多いのです。そこで、私は、「改革・開発・簡素」の3Kをキーワードとして職員に示し、子供の学力を伸ばすとともに、職員の力量を高める効果的・効率的な学校づくりを目指す、「授業と校務の一体改革」に取り組むことにしたのです。

"DCAP"で校務に発想の転換をもたらす

■「直後プラン」による校務改革

——校務改革のポイントは。

　DCAPマネジメントサイクルを考案したことです。「直後プラン」とも呼んでいたものです。これまで学校はPDCAサイクルを重視してきました。しかしこれは、とかく計画を作り（P）、とにかくそれをこなす（D）ことに力が注がれてしまうために、評価（C）や改善（A）が浅くなって、次の計画（P）へとつなげられていないことが多いのです。そこで、Dを起点にマネジメントサイクルを回すことにしました。行った教育活動は、直後に評価し改善策を策定します。それを次の計画に直結させると、次回の教育活動を行うときにはすでにPができているというわけです。

　例えば、運動会を例にとると、実施（D）した

図1　大岱小学校のDCAPサイクル（直後プラン）

直後にワークショップ型のミーティングを行い、評価（C）をし、改善策（A）を出し合います。翌日には、それをもとに次年度の計画（P）を出してもらい、校長が決済するという具合です。そうすると、翌年度の計画がすでに出来上がるわけですから、次回の運動会前に何度もミーティングを行う必要がなくなります。これを、学校行事だけでなく、服務や授業研究にも導入しました。新年度の教育課程編成についても、毎教育活動直後に同じスタイルで評価と改善を行い、次年度の計画とし、それが蓄積されると、翌年度の計画づくりを一から始めなくてよいばかりか、直後のプランとなることで、内容の濃い改善計画となっていきます。

授業研究においては、授業公開の後の研究協議会を評価・改善・次の計画（指導案づくりなど）の場とします。授業者は研究協議会を受けて指導案の改善を行い、共有します。互いに授業を褒め合うだけの協議会でなく、授業の中身を分析したり検討し合ったりすることで、教師全員の力量向上につながります。やり終えてまだ温かいうちに評価・改善、そして次のプランまでにつなげていくのです。このサイクルを常に回していくことによって、教師はスパイラルに成長していけるし、一から始めるムダを省くことができるのです。

──年間計画も大きく変えました。

年間計画を「12月決算」としました。学校は、特に年度末から年度初めにかけてとても忙しい。行事や学習評価、新年度計画、教職員の異動による組織替えなどがあり、多くの会議を生み出す要因にもなっています。その一方で、この時期、教師は子供と向き合う時間が少なくなるだけでなく、4月に研究授業もできないという状況になっています。3月・4月に子供と向き合わず、校務と向き合っている時間が多くて質の高い教育活動ができるでしょうか。そこで、大岱小では、DCAPサイクルによる直後プランを実施し、7月に前期の学校評価、夏季休業中に教科等の指導計画作成、10月に後期学校評価、11月に新年度の行事予定策定、そして12月に翌年度の年間指導計画を完成させるという方式をとりました。1月からは新たな校務分掌で教育課程が始まるのです。直後プランによって、翌年度のあらゆる教育活動が計画されているのですから、4月の異動者が困ることはありません。このことによって年度替わりの多忙さは解消され、4月の研究授業もできるようになりました。学校は年度で動くものといった"固定観念"をはずし、子供と教師がともに成長できる機会を多くもってもらおうと考えれば、学校は変わるのです。

一役一人制の運営組織表　アルファベットは担当教師

教務部	離任式	卒業式	入学式	道徳計画	仕事暦	直後計画	外国語	交流	学級編成	担任制	テスト	三者面談	移動教室	行事予定	指導計画	教育計画
	A	A	A	A	A	A	A	B	B	B	B	B	C	C	C	C

生徒指導部	地域指導	休業指導	遠足指導	落し物	一斉指導	連携教育	きまり	指導体制	清掃美化	集団下校	児童机	集会指導	避難訓練	安全計画	緊急対応	児童靴
	D	D	D	D	D	D	E	E	E	E	E	E	F	F	F	F

・部会提案は行わず、個人の提案とする
・審議を要する大きな提案は、主任提案とする
・主任は個人提案の進行に留意する
・事案決定規定に基づき文書で提案

図2　一役一人制の運営組織表

特集 ● 働き方で学校を変える〜やりがいをつくる職場づくり〜 ●

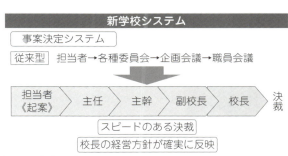

図3　事案決定システム

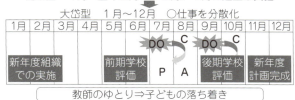

図4　12月決済の教育課程

教師が育つ「人材育成部」の創設

■学校の「人事部」による研修機会の提供

——校内の人材育成にも取り組みました。

　企業には人事部があります。企業の人事部は、職員の異動だけでなく、様々な取組を通して職員の職務の力量向上や社会人としての能力向上にも携わっています。しかし、学校には校務分掌にそうした人事部はありません。そこで、大岱小では、「人材育成部」をつくり、教師としての生き方や具体的な対応能力を育てることにしました。主な仕事は、「初任者研修」「ファースト会」「セカンド会」「ちょこっと塾」「校内OJT」「学校視察者研修」などの企画・運営です。「ファースト会」は若手向けの研修会で、毎週水曜日に行いました。授業の指導技術、校務分掌の取組み方などを、校長をはじめベテラン教師と

ファースト会

ざっくばらんに交流する中で学んでいく取組です。

　「セカンド会」は、ベテラン教師を中心に若手育成のための方法を学ぶ会で、若手指導のための資料づくりなども行います。

西留校長も加わってのグループ討議

ベテランからも「若手から学ぶことも多くある」と、ファースト会と連動する姿も見られ、教師たちの研修意欲の向上に役立ちました。

　「ちょこっと塾」は、他校の研究発表会などに参加した教師による情報交換会です。勤務時間外に行う自主参加の会で、若手にとっては、他校の実践を知る機会ともなり、先輩と意見交換をする中で、プレゼンの仕方など、細かいスキルについても学べる場となっていました。これらの会はすべて長時間机を寄せ合って煮詰めていくものではなく、ときには立ったままで

「大岱常識手帳」を手に「ちょこっと塾」研修

行う短時間の会でした。教師たちが負担感なく、お互いの交流を通して成長を実感したり、理解し合ったりできたことが、これらの会が続いた要因でしょう。

こうした中で生み出されたのが、「大岱常識手帳」です。頭文字をとって「OJTノート」と呼んでいたものですが、ここには、教師としての立ち居振る舞い、服装など、社会人としての望ましい姿がまとめられ、随時、この手帳を使いながら、教師としての生き方を学んだり、確認したりする機会をつくりました。こうしたOJTやOff-JTによって、特に若手がみるみる伸びていきました。私が退職前の頃には、30代前半の研究主任が学校の研究を牽引するほどになったのです。人材育成部の創設は、私が「若手3倍速育成システム」と呼んだ様々な取組と成果をもたらしてくれました。

学びを起こす授業改革

■主体的・協働的な授業スタイル

――授業改革に取り組んだきっかけは。

私が赴任した当時の大岱小は、都内でも有数の学力困難校でした。生活指導にも難しいところがあり、校内に「エアガンで人をうたない」などという張り紙まで掲示するような状態でした。授業も旧態依然としており職場にも活力が感じられなかったのです。そこで、新たな校務システムを開発するとともに、学力や生活面の課題を解決するために授業改革に乗り出しました。

――大岱小が目指した授業とは。

目指す授業は、「教師がしゃべらない授業」です。子供向けに各教科の学習の仕方、子供たち自身が授業を進めるルールや手順、問題の提示・問いをもつ・問いの共有・自力解決・集団解決・価値の共有・振り返りといった対話的で協働的な学習のプロセスなどを示した「まなブック」を作成し、配布しました。子供が司会者となり、相互指名をしたりしながら、子供自身が授業を作っていくスタイルを目指したのです。教師による注入型の授業でなく、子供たち全員が主役となって1時間の間に頭を使い切る授業に転換していったわけです。

授業の中で教師が多くを語り、子供たちを正解にたどり着かせる授業では、「主体的・対話的で深い学び」にはなりません。

プロフェッショナルティーチャーズノート

特集 ● 働き方で学校を変える～やりがいをつくる職場づくり～

教師のやりがいを引き出した"大岱改革"

しかも、それでは教師の方が授業の中で多くのパフォーマンスを行い、それを指導案の中に盛り込んでいかなくてはなりません。授業の主役が教師になってしまうのです。主体的・協働的な授業であれば、教師が深い教材研究と、黒子となって子供たちの学びを支える授業コントロールに専念することで、子供中心の授業となります。

こうした授業を目指すために、授業改善PDCAサイクル、各教科や教科横断での問題解決的な学習の取組み方、指導案や論文の作成法などをまとめた「プロフェッショナルティーチャーズブック」を作成し、研修を通して徹底していきました。子供は学び方を、教師には学ばせ方を示して、授業改革に取り組んでいったわけです。この不断の改革は、学力底辺校だった大岱小を都内でもトップクラスの学校に押し上げました。授業づくりにも注目をしていただき、文部科学省での事例発表も行いました。

大岱小での取組は、若手・ベテランにかかわらず多くの優秀な人材を開発しました。彼らは現在、都内各校や教育委員会などで活躍しています。また、大岱小で開発した授業づくりや校務改革が、高知県や熊本県荒尾市などをはじめ多くの学校現場で取り入れられ生かされていることを嬉しく感じています。

「子供と向き合う時間の確保」を原点とした取組でしたが、このために授業と校務を一体的に改革していったことによって、職場の働き方も変わり、授業の姿も変わり、子供たちも教師も変わっていきました。それは、今までのことに新たなものを積み重ねるという発想ではなく、負担感なく効率的・効果的な取組とする視点からあらゆることを作り替えていったということなのです。

――学校現場へのメッセージを。

教師の仕事は、子供の"未来保証"をすることです。不透明な次代に生きる子供たちを育てることに集中しなければいけません。そのために、多忙を作り出す学校文化を見直し、常識と思われていることを仕分けし、授業と校務の一体改革によって、教師が本来の仕事に打ち込めるシステムを、各学校で作り出していってほしいと思っています。

（取材／編集部　萩原和夫）

＊大岱小の改革の詳細は、村川雅弘・田村知子・東村山市立大岱小学校編著『学びを起こす授業改革―困難校をトップ校へ導いた"大岱システム"の軌跡』（ぎょうせい、2011年）を参照。

Profile

にしどめ・やすお　東京都東村山市立萩山小学校長、同大岱小学校長を経て、現在、東京・清瀬富士見幼稚園長などを務める傍ら、高知県をはじめ各地の学力向上の指導に当たっている。大岱小在職中、文部科学省学力向上推進校として学力向上の研究を進めた。主な編著書に、『学びを起こす授業改革』『「カリマネ」で学校はここまで変わる』（ともに共編著）、単著に『どの学校でもできる！学力向上の処方箋』『アクティブな学びを創る授業改革』がある。

資料

西留安雄氏が2006年度から11年度にかけて行った「大岱仕分け」と呼ばれる学校改革リストの一部

これまでの教育活動・課題	仕分け	リニューアル大岱の改善策・成果
教務		
「例年通りの教育活動」 ・学校が立ち行かなくなる	新規	「当たり前を止める」 ・これまでの学校の固定観念を捨てる
4月～3月の年度仕事暦 ・3・4月が多忙。	変更	大岱仕事暦（1月～12月、12月決算） ・教師は3・4月に学級事務に専念が可能
運営組織 ・責任の所在が曖昧	廃止	一役一人制校務分掌 ・職員の職務意識が高くなる
年間PDCAサイクル教育課程 ・評価（C）の面が弱い	廃止	教育活動直後のDCAPサイクル方式 ・活動直後に評価、改善、計画案を行う
職員会議 ・マンネリ化、一部教師の意見反映	廃止	大岱式直後プラン ・ワークショップで全員の意見集約が可能
各部会議 ・責任感が薄れる	廃止	事案決定システム ・校長の経営方針が徹底する
各種会議 ・子供と向き合えない	変更	長期休業中に実施 ・学校本来の子供と向き合う趣旨に合致する
年度末評価会議 ・昨年と同じ内容となる	廃止	直後プラン ・活動直後に評価を行うので内容がよい
新年度計画会議 ・次年度も同じ議題となる	廃止	直後プラン ・活動直後に即立案し時間短縮を行う
新年度教育課程作成 ・次年度も内容が同じである	変更	直後プラン ・毎教育活動直後の内容の高い計画案が出来る
	新規	大岱職員仕事暦 ・年間の職員の仕事一覧表を作成する
職員朝会 ・子供を朝、教室で迎えられない	廃止	夕会（木曜日4時30分開始） ・毎朝、教室で子供を迎える　・翌々週の行事担当者に進行状況を聞く ・必見連絡板を設置し緊急対応を行う
事故報告 ・打ち合わせの時の報告	新規	事故報告板 ・早く事故報告板で全校児童に警鐘する
チャイムあり ・全校で同じ時間にしか動けない ・出張者の学級は自習	廃止	ノーチャイム ・学級により午前5時間授業が可能である ・出張者の学級は午前5時間授業となる
朝会 ・1時間目に食い込むことあり ・学年ごとの列は遅れた学級対応不可	変更 変更	昼会 ・放課後実施のため、授業時間の確保が可能 ・体育館に入室した学級より奥へ詰める
家庭訪問（個人面談） ・大幅な授業時数の減となる	廃止	三者面談（長期休業中） ・ゆっくり話すことが可能である
通知表 ・学期ごとでは少ない ・誉めたたえるだけの通知表の所見	改善	「あゆみ」（途中評価）発行 ・2学期制に伴い、年4回発行する ・成果、課題、改善策で記入する
集金 ・学級の教師の机に置く	改善	朝一箱 ・全校児童が朝一番に集金袋を入れる箱
学校説明会 ・管理職、教務主任のみの説明	改善	一役一人制による説明 ・全教職員の学校運営意識が高まる
総合的な学習教育計画 ・学校行事補助的な内容がある	変更	大岱夢プラン ・夢プランに観点別に指導計画を記入する
報告事項の不徹底 ・報告することの視覚化なし	新規	職員室黒板 ・報告事項のカードを掲示する
新赴任者	新規	「新赴任者へ」

[特集] 働き方で学校を変える～やりがいをつくる職場づくり～

これまでの教育活動・課題	仕分け	リニューアル大岱の改善策・成果
・学校要覧だけだは不十分		・新赴任者への説明書きを用意し対応する
補教（自習等）	新規	**補教手帳**
・責任の所在が曖昧である		・一人の教師に一冊持たせる
全科担任制	新規	**教科担任制**
・学級が崩れた場合の対応が不可		・5・6年は、チームで子供を指導する
専科制	新規	**副担任制**
・専科と担任との連携が不十分		・専科は学年所属とする
週案	新規	**月曜提出簿**
・記載内容が薄い		・単元名、活動内容、評価の3点を記載する
保護者ボランティア	新規	**中学生ボランティア**
・希望者が少ない時がある		・全行事に中学生スタッフを入れる
生活指導報告会議	新規	**生活指導レポート**
・生活指導手法を学ぶ会ではない		・レポートを全員書き、手法を学び合う
行事		
運動会	変更	**新運動会**
・多くの練習時間　・学年記録の不足		・練習、練習、本番としない　・直後プランで学年種目詳細案を作成する
・教師満足の表現活動		・6年生が中心となる異学年交流表現とする
・本番のみの用具係り設置		・本番も練習時と同じ準備・後片付けとする
・提出種類が多い		・永久プログラム、永久放送原稿等の書類があるので提出しなくてよい
卒業式	変更	**新卒業式**
・作られた呼びかけ調が多い		・「自分探し（自分の体験発表）」の場とする
・全体練習時間が多い　・定番の歌である		・個人練習を多くし、儀式を重んじる　・学校ならではの創作曲とする
始業式・入学式が別々	変更	**始業式・入学式の合体**
・高学年のみの出席　・定番の歌である		・全校児童が出席し、1年生を迎える　・2年生が創作した歌とする
縦割り班遊び	新規	**学びの交流**
・遊び中心であり、学びが少ない		・教科学習の学びの交流とする
校内に歌声が響いていない	新規	**学級対抗合唱コンクール**
・歌は専科教師に任せている		・金賞を目指し、学校毎に競い合う
朝読書	新規	**読書選手権**
・個人の読みで終わっている		・クイズ形式で全校児童が楽しむ
人材育成		
人材育成制度	新規	**人材育成部の設置**
・行政からの通達あり		・校務分掌に人材育成部を設置する
服務強化月間	新規	**ファースト会（若手の会）**
・その月だけではない		・毎週1回、服務研修会を開催する
服務内容回覧	新規	**OJTノート**
・服務事故を理解する		・服務事故の例から学ぶノートを作成する
クレーム	新規	**当たり前一覧**
・個人体験が全体のものとならない		・一人の教師が経験したことを全員で共有する
ベテラン研修会なし	新規	**セカンド会**
・若手に伝える資料整理の遅れ		・ベテランが若手を指導する資料集を作成する
出張報告会なし	新規	**ちょこっと塾**
・出張者一人の学びとなっている		・一人の教師が学んできたことを共有する
校内研修		
PDCA授業改善サイクル	変更	**DCAP授業改善サイクル**
・改善策が出ない		・実践と評価、改善策の連動を図る
成果のみの協議会	新規	**いきなり課題方式**
・かたちだけの協議会となりやすい		・成果ではなく、課題から入る協議会とする
成果物なし	新規	**課題論文**
・研究授業を行った記録のみ		・自分の振り返りをまとめ、次に生かす

『学びを起こす授業改革』（ぎょうせい、2011年）より

theme

新学習指導要領の全面実施のタイミングは教師が成長するチャンス

山形大学教授
野口　徹

若い教師の気になる姿

　子供の通う様々な教育施設を訪問する機会が多い。それは0歳児のいるこども園・保育所から、間もなく選挙権を得ようとしている生徒がいる高校までである。その年齢差を考えても我ながら幅の広さに驚いたりしている。どの園や学校を訪問していても、子供がそこで生活している雰囲気が漂っているだけでなんとも楽しい気分になってくる。小学校であれば、休み時間などに校門をくぐり抜けると元気な子供の声が響いている。もうこれだけでうっとりしてしまう。もっとも子供の側からすると、見たこともないおじさんの登場、である。そんな人に興味をもって話しかけてくる子もいれば、一瞥をくれるだけで無視という子もいる。しかし全く問題ない。これらの教育施設では彼らが「主役」である。彼らが生活する場なのである。自らの判断に沿って伸び伸びと過ごすのは道理である。

　こんな子供が主役たる場で、それに相応しいと思えない教師の所作に驚かされることがある。とりわけ若い教師の姿に感じる場合が多い。それは子供にやたら居丈高な態度で接している姿である。

　例えば、授業中。子供に対して発する言葉は概して丁寧なのだが、「○○をしなさい」「これを□分間でやりなさい」「わかった人は手を挙げなさい」「顔を上げなさい」など、命令じみた口調がかなりの頻度で繰り出される。子供からの問いかけなどは微塵も許さないかのような雰囲気を醸し出している。他教室などへ移動する、集団での行動でも同様の指示が出されることがある。「静かに並びなさい」「小さく前へならえ」「前を見て歩きなさい」などなど。当然のことながら、これらを浴びている子供の表情は一様に曇りがちで身体が固まってしまっている。それこそ思考自体も止まってしまっているかのように感じられる。

　ところが、こういった若い教師の「管理的」な取組が、絶えず作用するわけでもない。別の若い教師の教室の子供は、どこか落ち着かず小刻みに身体が動いていたりする。小声でおしゃべりをしていたりする様子も見られる。若い教師も苦悶の表情が浮かんでいる。それでも、やはり厳しい口調で指示を繰り返す。意識がすれ違ってしまっている。校長から「あのクラスは落ち着かないので最近教頭が一緒にいるようにしています」などと告げられたりする場合もある。うまくいかない状況が常態化していて周囲を巻き込んでしまっているのである。そして、このような若い教師が職員室に戻ると、「うちのクラスの子供はレベルが低いから」などと誰に聞かせるでも

ないつぶやきを発していたりする。

　若い教師を見ていると、これらのような状態が結構な比率で発生している。彼らはどうも「厳しさ」の漂う立ち居振る舞いを意図的に選択している。むしろ子供をその状態に押し込むことが優れた教師、と考えている向きがある。つまり、自分が指導している時間には、子供に休み時間のような主体的な判断、そこからの伸び伸びとした行動などが入り込んでこないように警戒しているかのように。もちろん、無秩序になることは問題であるが、子供が自由闊達に自らの思考を広げる可能性を最初から制限しているようなのである。

　来年の春から小学校で全面実施になる学習指導要領に謳われているのは「主体的・対話的で深い学び」である。子供が主語となるこのような充実した学習を各教室で満たすことを示したものである。若い教師が思考を押しとどめる授業を基本に置いているのであれば、これらに対応することは困難であろう。彼らは新しい学習指導要領の内容についての情報を適切に収集して考えることは行っていないのだろうか。

　また、若い教師は、大学時代の教職課程の授業において「教育学」の基本として子供が教育施設の中で「主役」であることを学んだのはすっかり忘れてしまったのか。これらの思想はあくまでも「理想」であって、現実の実践と結び付けていくのは無理、とでも思っているのか。

　若いから、ということもあるだろうが、これらの状態を肯定する理由には当然ながらならない。どこかのタイミングで仕切り直して、あるべき教師像を志向する必要がある。

これからの教師に求められる「力」

　2015年12月の中央教育審議会答申「これからの学校教育を担う教員の資質能力の向上について〜学び合い、高め合う教員育成コミュニティの構築に向けて〜」では、「これからの時代の教員に求められる資質能力」を次のように示している。

> ○　これまで教員として不易とされてきた資質能力に加え、自律的に学ぶ姿勢を持ち、時代の変化や自らのキャリアステージに応じて求められる資質能力を生涯にわたって高めていくことのできる力や、情報を適切に収集し、選択し、活用する能力や知識を有機的に結びつけ構造化する力。
> ○　アクティブ・ラーニングの視点からの授業改善、道徳教育の充実、小学校における外国語教育の早期化・教科化、ICTの活用、発達障害を含む特別な支援を必要とする児童生徒等への対応などの新たな課題に対応できる力量。
> ○　「チーム学校」の考えの下、多様な専門性を持つ人材と効果的に連携・分担し、組織的・協働的に諸課題の解決に取り組む力。

これらをまとめるならば次のようになるであろう。

> ①　自律的に学ぶ姿勢。自らの資質能力を生涯にわたって高める力。情報を適切に収集し、選択し、活用する力。知識を有機的に結びつけ構造化する力
> ②　新たな課題に対応できる力
> ③　組織的・協働的に諸課題の解決に取り組む力

　時代の「流行」に反応する力（②）や組織として取り組む力（③）などはいいとして、①については前記した若い教師に欠けている「力」そのものであるように感じられて仕方ない。若いのであれば「自律的に学ぶ姿勢」こそ必須のことであろう。新しい学習指導要領等の情報を適切に収集して仕事に活用

theme

する力も当然のこと。「教育学」の知識と子供の姿を有機的に結び付けてあるべき授業を構築することを希求するのが教師の姿そのものであるのに。

このように考えたときに、この答申に示された「力」がこれからの若い教師に求められているのは決して絵空事の理想なのではなく、まさに喫緊の課題なのである。

子供の姿を適切に捉え、評価する

今春に文部科学省から出されたものとして、「小学校、中学校、高等学校及び特別支援学校等における児童生徒の学習評価及び指導要録の改善等について」という「通知」がある。これは、新学習指導要領の趣旨に沿って各学校が学習評価を適切に行うことに資するものであるとともに、新学習指導要領に対応した指導要録の作成のための参考となる視点も示している。

この中に「主体的に学習に取り組む態度」についての説明がある。これは、新学習指導要領に示された資質・能力の三つの柱に対応する観点別学習状況の評価の観点として新たに示された「知識・技能」「思考・判断・表現」「主体的に学習に取り組む態度」の3観点の一つである。「主体的に学習に取り組む態度」は「学びに向かう力・人間性等」を評価する観点である。これについて次のような表記が見られる。

「『主体的に学習に取り組む態度』については、
各教科等の観点の趣旨に照らし、
知識及び技能を獲得したり、
思考力、判断力、表現力等を身に付けたりすることに向けた粘り強い取組の中で、
自らの学習を調整しようとしているかどうかを含めて評価することとしたこと」

つまり、「主体的に学習に取り組む態度」には、

A：知識及び技能の獲得、思考力、判断力、表現力等を身に付けることへの粘り強い取組
　（学習への意欲的な態度）
B：自らの学習を調整しようとしているかどうか
　（自らの学習を調整する意思）

の二本の柱がある、としているのである。これらを評価するには、子供がそのような学習をしている姿が存在していなくてはならない。つまり、子供が上記のA・Bを表出しやすくなる環境を構成し、授業を展開していくことに教師は傾注する必要がある。子供が身を固めてしまって思考が止まっているような授業は論外なのである。

むしろここにこそ、若い教師が最も志向するべき教師像の「ヒント」が見えてくる。それは、やはり「子供が主役」であることの再認識であり、そこに高次の思考が生まれる雰囲気を作り出すことである。そしてその「入口」となるのが、子供の姿を適切に捉えるために丁寧に迫っていくことである。

「子供の姿」について考えたときに今回の改訂の中で特記すべきものとして、「幼稚園教育要領」「保育所保育指針」「幼保連携型認定こども園・保育要領」の中に示された「幼児期の終わりまでに育ってほしい姿」がある。これは、「年長児」とされる5歳児がそれぞれの園を修了する時までに育ってほしい具体的な姿を資質・能力の三つの柱を踏まえて明らかにしたものである。「教科」の枠組みでの「授業」が展開されないこれらの園では、「遊び」を中心とする生活の中で、これらの姿が一体的に表れてくるように環境の構成を行い、導き出すことに力を注いでいる。保育者は子供の姿を丁寧に捉えようとする。子供の姿から情報を得ていないと、子供が次に熱中する遊びを予想し、支援することが困難になるからである。ここから日常的に子供の姿を評価する「力」を磨いていくのである。

例えば、次のような取組がある。子供が没頭して遊んでいる姿を保育者は写真に収めておく。幾多の

[特集] 働き方で学校を変える〜やりがいをつくる職場づくり〜
■ theme ■
新学習指導要領の全面実施のタイミングは教師が成長するチャンス

写真から選んだものを園舎の壁に掲示していく。その写真を見た子供が当時の自分の気持ちを思い出して言葉を添えていく。保育者がその言葉を書いたり、字を書くことを希望する子供は自らが書いたりする。これらが園舎の至る所に示されている。別の子供がそこに表されている情報を読み取って自分の遊びに反映していくこともある。極めてシンプルな取組であるが、保育者が子供の姿を適切に捉えている様が明確である。

さらに、この掲示物は保育者が子供の姿を精緻に捉え直すための資料としても活用される。ある園では、2週間に1度の割合で掲示物を見ながら保育者が気付いたこと・感じたことなどを付箋紙に書き、それを「幼児期の終わりまでに育ってほしい姿」の10の観点で整理するワークショップ型の研修会を行っている。これを定期的に行うことから子供の姿を適切に捉える「力」を保育者相互に高めていくのである。さらに、これらの記録を蓄積しておき、年3回の割合で印刷物にまとめて保育者間で共有するようにしている。このような取組を日常的に行うならば、子供の思考を深く読み取ることが可能となり、保育者は余裕をもって子供と関わることができるようになるのである。高圧的な口調など必要がない。もっと文化的な雰囲気に包まれている。子供は伸び伸びと思考を深めていく。「主体的に学習に取り組む態度」の礎はこういったことから生み出されていくのである。このような取組は、校種を越えて大いに参考になることであろう。

子供の姿を適切に捉えることは、新学習指導要領においては必須である。ここからスタートしなくてはならない。逆に考えるならば、これからの学習指導要領全面実施のタイミングは、教師の力量形成に大いなるチャンスを与えてくれている。教師としての成長を目指すのであればチャンスを逃さず、まずは子供の姿を捉えることから始めるべきである。

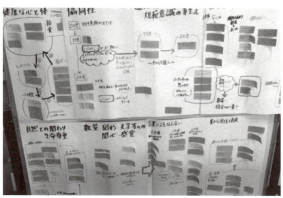

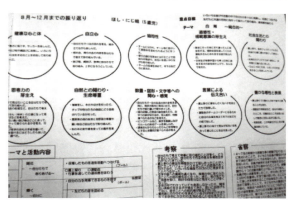

Profile

のぐち・とおる　山形大学教授。専門は、生活科・総合的な学習。文部科学省「高等学校学習指導要領（平成30年告示）解説　総合的な探究の時間編」専門的作業等協力者、国立教育政策研究所学習指導要領実施状況調査結果分析委員会委員（中学校・高等学校　総合的な学習の時間）。主な著書に、『シリーズ新しい学びの潮流3　子どものくらしを支える教師と子どもの関係づくり』（ぎょうせい）、『総合的な学習の時間の指導法』（日本文教出版）など。

report

秋田に学び、目の前の子供たちに生かす協働の授業づくり

北海道白老町自主サークル「能代会」

「能代会」立ち上げの経緯

本町では、平成22年に策定された「白老町スタンダード」を指針とし、町としての課題を明らかにしながら、その解決・改善を目指して様々な教育活動を展開してきた。

本町の学力については、取組を継続することで、成果が現れてきている部分はある。しかしながら、全般性や安定性に欠け、課題の解消に効果的な取組となっているという実感が不足している現状がある。

(1) きっかけとなった能代市教育視察訪問

前記スタンダードでは、当然のことながら授業改善をその取組の核としている。その芯となり、目指すべき方向性を探るべく、次のような教育視察訪問を実施している。

平成22年に、行政関係者との人のつながりを基にした、能代市への視察訪問を実施した。平成28年からは、教育委員会の事業として、町の教員を中心に8名の視察団を能代市に派遣し、昨年度までに3回実施している。以下はその構成メンバーである。

【能代市視察訪問団】
校長1名、教育委員会指導職1名、教員6名(小・中学校各校1名、今後白老町に複数年にわたり効果の波及を期待できる人材)

能代市立小・中学校を1校ずつ訪問させていただき、秋田県の探究型授業について2泊3日の行程で授業参観、事前・事後の交流をさせていただいている。

また、冬期休業中には、能代市教育委員会の指導主事を招聘し、探究型授業の講義、各校内研修への助言、示範授業等を実施しているが、この研修については、町内ほぼ全ての教員が参加し、アンケート調査では、9割以上が研修内容を肯定的に評価している。視察した教員からは、「自費参加でもよいから、次年度も参加したい」「この授業の理念や手法を、何とか自校のみならず、町内統一で実施したい」という声が聞かれ、確実に授業改善の種を持ち帰っていることを実感している。

(2) 熱を抱いた訪問団員

周知のとおり能代市は、学力上位県である秋田県の中でも、中核的存在である。この視察訪問では、視察したどの教員も衝撃を受けているのを目の当たりにし、筆者自身も「この授業を全ての教室で実施できたなら、どんな課題も解決していく」と強く実感した。生徒指導の機能を最大限に生かし、子供たちが主体的に学んでいく姿、その学びを適切な支援で先導する教員たち。磨かれ整然とした教育環境。

[特集] 働き方で学校を変える〜やりがいをつくる職場づくり〜
■ report ■

当然のことながら、熱を抱いた訪問団員は、素晴らしい授業実践への思いを共有したことを通して、ある種の連帯感が生まれ、伝道者たる使命感も醸成された。

これまでも、訪問した教員は自校で復元授業を行い、探究型授業について校内で提言してきた。一方、冬期休業中には町内に還元する義務も伴い、これら点の活動での波及は、広がりに欠けていた。しかし、これまでの経緯を知る訪問団は、すでに課題を共有していたのである。

「町内的に、過去の訪問団を含めて組織化できないだろうか」「指導案の蓄積など、誰もが取り組める体制づくりができないだろうか」「既存の会議に参加し、町の取組に関わっていきたい」

これらは、昨年度の視察後、帰路のバス待ちの際に、また、来町していただいた能代市の指導主事との事後懇親会での団員の声である。教育委員会職員にとっては、あとはきっかけづくりを施すだけであり、筆者も勤務したことで、つながりのあった学校の主幹教諭に声かけを依頼し、快諾を得た。

そうして「能代会」は産声をあげた。

第1回目の能代会では、予想を上回る各校からの16名の参加を得た（過去の訪問団も参加している。2回目は、趣旨に賛同した未視察者の参加もあった）。

(3) 活動の醍醐味とやりがい

「また能代会で授業の実践交流をしていきたい」「自校ではどの学級、どの授業でも探究型の授業を実施したい」「能代会から視察訪問者を選出していけるくらいの影響力をもちたい」「白老町の学校であれば、秋田型の授業を研修できると言われたい」「学校の枠を越え、発信できる組織にしたい」

どれも能代会の中で交わされた発言である。

実際の能代会は、まだ3回目を計画している段階である。具体的には、①視察訪問で感じたこと・得たことの振り返り、②自校での取組状況について、

能代市の探究型授業を視察

③取組の際の具体的な資料の持ち寄りによる交流と協議、の段階である。

学校種を越え、教科を越えて、授業の話題を通して子供たちへの思いを一直線に語れる場は決して多くない。日々の業務に追われながらであるが、意義やねらいを再確認しながら、恒常的な組織となり、学校現場に確かな還元ができる足場にしていきたい。

(4) 内発的な研究意欲を原動力に

子供たちが新たな学びを獲得するためには、主体性や必然性が不可避となるが、それは教員も同じであると確信する。内発的な研究意欲が無くて、研究が進むことはない。意味付けの明確な目標には、貢献したいと思うものでもある。目標が明確になった視察団の教員の勇躍には瞠目させられている。

教員の働き方改革が注目を浴びている。限られた時間の中で、教育の質を向上させるものとして、熟練教員が蓄積していたノウハウを若手教員が受け継ぐかのような、知識・技能の共有や伝達までを担える組織は、効果的な人的資源の活用となる。トップとボトムの願いの一致により生み出されるエネルギーは、言わずもがなである。

「いつの日か、今日が白老町の教育の大切な1ページと思える日が来る」と能代会で語った団員がいた。次回2学期に実施予定の「能代会」がすでに大きな楽しみとなっている。

（北海道白老町立虎杖小学校長　前田道弘）

essay

家と学校とごみ捨て場の三角形、そしてときどき四角形

愛知県知多市立東部中学校教諭
八釖明美

　家と学校とごみ捨て場。この三角形が私の生活動線でした。

　3人の子どもに恵まれ、また、多くの子どもたちや教職員、保護者にも囲まれ、それはそれで充実した毎日であったことには変わりません。地域でいただいた仕事にも真摯に向き合ってきました。しかし、私が取り組んでいる仕事は、本当に子どもたちや現場の役に立っているのだろうか、国の新しい動きを知らないまま、自己満足に陥っているのではないだろうかと危機感をもっていたのも事実です。

　勤務校の現職教育の講師としてお世話になるとともに生活科に明るい大学の先生に、平成26年末に完成した地域カリキュラム（知多カリ）としての「スタートカリキュラム」を見ていただく機会がありました。先生は、「よくできているよ」と価値付けをしてくださり、日本生活科・総合的学習教育学会での自由研究発表を勧めてくださいました。

　家と学校とごみ捨て場の三角形で生活していた私が、県外で発表をする⁉　私にできるのかなと思いましたが、背中を押してくださった先生の言葉に支えられ、校外に歩みを進めることにしました。

　人前での発表に慣れていない私は、発表に向けて、プレゼンを作り、原稿を用意し、口頭練習を行うなど万全を期して、発表に臨みました。しかし、4人の発表者がいる教室で、発表を聴きに来られた方は、私たち発表者を含めてわずか6人。満員の教室がある一方で、愕然としました。

　「こんなにがんばって準備をしたのに、聴衆者がたったの6人?」。これが正直なところです。しかし、校外に一歩足を踏み出せたことに充足感をもちました。同時に、全国には、積極的に研鑽を積んでいる現場教員がこんなに大勢いるのかと、刺激を受けました。

　その発表のわずか数時間後、課題研究で隣になった先生と、意見交換をすることとなりました。その先生こそが、本誌『ライブラリ』シリーズでずっと連載を担当されている甲南女子大学教授の村川雅弘先生です。臨時に設けられた通路補助席に、同郷の先生に案内されてそのまま座った隣が村川先生だったというわけです。意見交換をしなくてはならない先生が、あまりにも有名な先生だったので、私は緊張のあまり、何を話したらいいのか分かりませんでした。とりあえず自己紹介の代わりに、大量に余っていた（笑）自由研究発表のレジュメと手持ちの知多カリの「スタートカリキュラム」をお渡しし、その場を凌ぎました。

　学会2日目、村川先生は、私のレジュメと知多カリの「スタートカリキュラム」に目を通してくださっ

［特集］働き方で学校を変える～やりがいをつくる職場づくり～
■ essay ■

ており、「きめ細かなところまで、よく作りこんであるな。スタートカリキュラムの具体がイメージできない現場の先生たちを助けることができる。考え方や作り方を発信していかないか」と声がけしてくださりました。前日の聴衆者は6人だったものの、村川先生に仕事の内容を認めてもらえたことで自信がもてました。

以降、村川先生と一緒にお仕事をさせていただく機会をいただいています。現場に近い研究者の村川先生と自らの実践や考え方を汎用させたいと考える実践者である私との意見交換（今はできるようになりました（笑））は、いつも白熱し、新たなアイデアがわき出てきます。そして、「アイデアを『カタチ』にして発信していくことが現場を助けることであり、子どもたちを育てることに繋がる」ということをご教示いただき、少しずつ、現場に役立ちそうなことを「カタチ」にするように心がけるようになりました。

以降、原稿執筆の他、教職大学院で開発した「授業改善のツインマネジメントサイクル図」[1]を基に作成した「『子ども一人一人の子どものカリマネ』のpdca」[2]、「スタートカリキュラムのカリキュラムマネジメント」[3]等、様々なモデル図を作り、その考え方を書籍やインターネット等で発信させていただいています。特に、全国どこでもパズルのようにスタートカリキュラムの一覧表を作成できる「サクサクできるスタートカリキュラム作成支援ツール『サクスタ』」[4]については、「スタート期の小学校現場を助けたい」という思いを全国に届けることができました。「サクスタ」を使ってくださった先生から、「面白い発想ですね」「便利ですね」等、声がけされると、さらなる繋がりを感じます。

私の生活動線は、家と学校とゴミ捨て場の三角形から、ときどき四角形となりました。

今の現場を大事にしつつ、校外に一歩足を進めたおかげで、自分の新たな一面を発見することができました。また、全国の現場の先生方や研究者の方々、企業の方との繋がりをもち、新たな知見を得ることができています。

この繋がりと学びを大事にして、今いる学校現場や地域に少しでも還元していきたいと考えています。

[注]
1 八釼明美（2012）愛知教育大学学術情報リポジトリ「教職大学院修了報告論集」、pp.349-358
筆者はPDCAサイクルのDの中にさらに細かいPDCAサイクルがある「授業改善のツインマネジメントサイクル図」を作成している。
2 村川雅弘・八釼明美・三田大樹・石堂裕（2016）「資質・能力の育成につなげるアクティブ・ラーニング」『せいかつ&そうごう』日本生活科・総合的学習教育学会、第24号、pp.14-23
3 八釼明美（2018）「生活科を中心としたスタートカリキュラムのカリキュラム・マネジメント」『せいかつ&そうごう』日本生活科・総合的学習教育学会、第26号、pp.4-15
4 八釼明美（2016）「サクサクできる パズル型 スタートカリキュラム作成支援ツール サクスタ」日本文教出版。パズルを完成させるようなイメージで、スタートカリキュラムをコンピュータで作成する。パズルのピースに当たる学習活動「サクスタピース」をコピーして、パズルの台紙に当たる日課表の枠「サクスタシート」にペーストして、完成させる。なお、「幼児期の終わりまでに育ってほしい姿」10項目に対応し、改善が加えられた「サクスタ2」が2019年に刊行された。

Profile
やつるぎ・あけみ　愛知教育大学卒業後、愛知県岡崎市及び知多地方の小学校に勤務。2012年、愛知教育大学教職大学院修士課程修了。その後、知多地方の「スタートカリキュラム」を編成したことをきっかけに、接続期の教育や研究に携わる。ぎょうせい出版では、本誌『ライブラリ』シリーズ、『カリキュラムマネジメント・ハンドブック』等の執筆あり。

Opinion 1

● 先輩から学んだ働き方
今、「やりがい」を見出す力を

静岡市立梅ケ島小中学校長
長尾剛史

「本物の体験はプロ意識から」と

「サキちゃんは新採研キャンプの企画ね。フカちゃんは自然観察会のアクティビティづくり。そして、タケちゃんは9泊10日の南アルプス長期宿泊事業ね」。静岡市井川自然の家に勤務していた時期、当時の所長が指導主事一人一人に与えたミッションです。「本物の体験を子供たちに」と、指導される所長は、「所員のプロ意識を育てることこそ自らのミッション」と、口にされていました。ほぼ3年で異動する所員には、経営構想に沿って、それ相応の役割が与えられます。大きな事業では複数年がかりの準備期間を要し、責任を負うことになります。しかしこうした使命に負担感はなく、むしろ任されることに優越感すら覚えていました。

私が3年目に担当した「トム・ソーヤ南アルプスチャレンジキャンプ」は、市内の小中学生約30名を南アルプスの3000m峰に挑戦させる新規事業でした。予算取りから山岳連盟との打ち合わせ、キャンプリーダーの育成など、多忙を極めましたが、理想のキャンプづくりに熱くなれました。当時の上司から「新規事業って、真っ白なキャンバスに思いどおりの絵を描くことなんだ」と、意味深い言葉を頂いたことを憶えています。思えばこうした経験が、学校現場に戻ったとき大きな力になったのだと思います。

地域と学校が一体となって展開した地震防災プロジェクト。言語活動の充実を意識した全校一斉道徳「心の体力」。校庭の芝生グラウンドに、市内こども園の遠足を誘致する「地域活性化プラン」。どれも子供たちや地域の課題を解決する取組でした。仕事から「やりがい」を見出し、おもしろがって働くことが、自分のモチベーションの維持につながると感じていました。

「自分なりの旗を立てること」が自信に

梅ケ島小中学校は、静岡市安倍川の源流にある山間へき地小規模校です。現在、小中一貫校としてコミュニティ・スクール化を進め、「社会に開かれた教育課程」を展開しています。このミッションを遂行する上で、自分なりの思いがありました。

それは、若手の職員が多い本校において、この大きなミッションに先生方を関わらせていくことです。市内でもまだ数校の教育実践です。「お手本のない地域との新しい学校づくり」は魅力的で、「新しさ」と「やりがい」があります。先生方との対話から得意とする指導や思いを読み取り、一人一人のミッションを形にしていきます。「A先生は9年間の個別の成長プラン。B先生は梅・山葵活動のカリキュラム化。そしてC先生には、コミュニティ・スクールに向けた学校運営協議会の発足準備をお願いします」。職員会議で声を張る私に、大きな返事や頷く先生方の姿があります。皆、少なからず「子供や地域の役に立ちたい」と、活躍の場や機会を求めています。そして、こうした実践による成果が自信となります。教職人生にとって、「小さくても自分なりの旗を立てること」は大事なことです。

働き方の見直しを求められる今、自らの仕事に「やりがいを見出す力」が、求められているのではないかと思うのです。そしてそれは、「今も昔も変わっていない」と、私は思うのです。

Opinion 2

●先輩から学んだ働き方
教師がやりがいを感じ笑顔で教壇に立つ学校に

岐阜県美濃加茂市立太田小学校教諭
石原正樹

学校は楽しいところ

「学校は楽しいところ」——。これは私が子供の時も、そして教師となった今も変わらない想いです。

「先生はいつも私たちをよく見ていてくれました。不安になった時にも、先生が『大丈夫だよ』って言ってくれると自信がわいてきたんです。私も、先生のような教師になりたいです」。今から12年前、初任校で、異動することが決まった時に一人の女子生徒がくれた手紙の一部です。

教員9年目、生徒指導が大変だと言われていた前任校で、3年間担当した男子生徒が卒業式の日、破いたノートに書いてくれたメッセージです。「俺は先生を蹴ったり、暴言もいっぱい吐いたりしたけど、先生は俺を一度も見捨てなかった。だから、学級も先生も嫌いにはなれなかった。ありがとう、先生」。

授業も生徒指導もとにかく必死、寝る時間を惜しまず次の日の準備をしていた初任校。生徒のためにと思ってとった行動が心無い言葉で返された前任校。当時の自分にとっては楽しいどころか、「早く1日が終わらないかなぁ」と、ため息さえつく日もありました。そんな時に「一生懸命やってもらって石原先生に教えてもらう子たちは幸せだね」という先輩の言葉や、「仲間と関わりが生まれる班会議を試してごらん。よかったらこのノートを使って！」と、成功した実践を惜しまず提供してくれた先輩のアドバイスに支えられることが多くありました。心に余裕が生まれ、「もうひと踏ん張りするぞ」と生徒たちと向き合うことができました。出会った2人の生徒からもらった手紙を読んだ時に、「子供たちのために自分がやってきたことは間違ってなかった」と、報われた思いでいっぱいになり、涙しながら手紙を閉じたことを覚えています。2人の生徒は、私に教師としての「やりがい」を教えてくれました。

学校は楽しいことばかりではなく、私がそうだったように「辛いなぁ」「行きたくないなぁ」と思う瞬間があります。しかし、振り返った時に「学校は楽しいところ」と、誰もが思える場所であってほしいのです。それは、子供たちだけでなく、私たち教師も同じです。

支え合える関係をつくる

これまでの私は「子供たちのため」という思いで、がむしゃらに働いてきましたが、今は少し違います。現在は、学年主任という立場になり「子供たちのため」「仲間の先生たちのため」と思いながら働いています。私が学年を組む先生たちは、自分よりも若く、経験も少ないけれど、前向きに仕事をするし、何より「子供たちのため」という思いで働きます。だから先生たちには、私が味わったような「やりがい」を感じてほしいし、笑顔で子供たちと向き合ってもらいたい。笑顔でいる時間が増えたらいいなぁと思っています。そんな先生たちとはたくさんの会話をするようにしています。「今日どうだった？」「先生の学級よかったね」「○○さん、掃除頑張っていたよ。ほめてあげて」「ありがとう！」「ワハハハハ」児童の様子だけでなく、感謝を伝え合ったり、くだらない話をしたりしています。それは、気を張りすぎずに子供たちと向き合うため、支え合える関係づくりのためです。

「学校は楽しいところ」。教師が笑顔で教壇に立つから、子供たちも笑顔になります。子供たちが自分の可能性を伸ばし、自己肯定感を味わうように、仲間の先生たちも「やりがい」を感じ、自信をもってもらえたらと思っています。

message

モチベーションを高める
メンタルマネジメント

日本メディメンタル研究所所長
清水隆司

まずは、身体の健康管理を大切に

　今すぐにでも、モチベーションを高めたいと思っている方には、肩すかしをくらわすようですが、まずは身体の健康管理が大事です。優先順位としては、睡眠、食事、運動の順番となります。

（1）睡眠について

　睡眠は、何もしないから寝るのではなく、日中の活動で疲れた脳や身体を休めるためにあります。ですから、睡眠をしっかりとらないと、疲れがたまるだけでなく、仕事の能率も下がり、ますますやる気が出なくなります。働き盛りの20-40歳代は、1日7時間の睡眠が、一番抑うつ症状を低くすることが分かっています。学者の中には、1週間の累積睡眠時間が49時間ないといけないという方もいるぐらいです。ただ、単に横になれば眠れるということではありません。寝る前の準備が大切です。意外に盲点になっていることは、日中のカフェインです。カフェインを多量にとると、理由もなく不安になったり、不眠になったりしますので、注意が必要です。健康な方でも、コーヒーは1日700mlまでにしましょう。もちろん、体調の良くない日や疲れがたまっている日は、コーヒーやエナジードリンクなどカフェインを含む飲料は控えたほうがよいです。最近は、500mlのペットボトルでコーヒーが販売されていて、知らず知らずに多量に飲んでしまうので、注意しましょう。次に気を付けることは、夜のタバコや、寝る前のアルコールです。タバコに含まれるニコチンは、神経を高揚させますので、夕方以降にタバコを吸うと寝つきを悪くします。また、アルコールは寝つきをよくしますが、深く眠れなくなり睡眠の質を悪くします。

　寝る前に強い光が目に当たると、メラトニンという睡眠をつかさどるホルモンの分泌が低下しますので、寝る2-3時間前からパソコンやスマートフォン、タブレットなどを見るのはお勧めしません。少なくとも、消灯後に、暗い部屋の中でスマートフォンやタブレットなどは見ないようにお願いします。もちろん寝室は暗い方がよいですが、真っ暗にすると不安に感じる方は、足下灯のような小さな明かりにして、直接光が顔に当たらないようにしましょう。光がまぶたの上に当たる場合はアイマスクでまぶたを覆ったほうがよいです。また、夜中にトイレなどで目が覚めた際には、絶対に時計を見ないようにしましょう。時計を見た瞬間に、無意識に眠れなかったと思い込んでしまうので、よくありません。

　朝起きる時に、目覚まし時計を何回も鳴らすこと

[特集] 働き方で学校を変える〜やりがいをつくる職場づくり〜
■ message ■

は、目覚めを悪くすることも分かっています。それは、何度も目覚まし時計が鳴るために、脳がいつまでも寝ていいと勘違いを起こすからです。理想的には、朝、カーテンの隙間から差し込む朝日で目覚めるのが一番です。しかし、現実的に難しい方には、目覚まし時計を鳴らすのは2回までにされることをお勧めします。朝起きたら、すぐに日当たりのよい明るい部屋へ移動しましょう。

疲れたり、体調の良くなかったりする日は、昼休みに15分程度目を閉じるだけでも、午後の集中力の低下を抑制する効果があります。

疲れてくると、帰宅後ウトウトして、ついうっかり転寝してしまうのが、一番よくありません。睡眠リズムが乱れて、寝つきが悪くなり、翌日に疲れを持ち越しやすくなります。転寝しそうであれば、夕食やお風呂を短時間で済ませて、すぐに寝られることをお勧めします。仕事と育児の両立などで忙しい方は、夕食後の片付けなどは後回しにして、例えばお子さんと一緒に21時頃に寝て、翌朝早起きし、前日の片付けや朝の準備をされたほうがよいと思います。

食事と睡眠の関係が分かってきており、夜遅い夕食は寝つきを悪くすることが分かっています。一方、朝食は、睡眠リズムを前倒し（早寝早起き）にすることが分かっています。ですので、寝る3時間前に夕食を済ませましょう。しかし、なかなか難しい方は、18時頃におにぎりやパンなどの軽食をとり、寝る前の夕食はおかずを少しだけ食べるほうがよいです。朝食は、牛乳やジュースだけでもよいので、少しでもとることをお勧めします。

最近、睡眠不足は「酩酊」と同じくらい、日中のパフォーマンスを低下させることが分かっています。しかも、困ったことに、睡眠不足により生じる「日中の眠気」は、睡眠不足が連続してくると、感じなくなってくることも分かっています。ということは、「日中の眠気」の有無では、睡眠不足かどうかは分からないということです。

睡眠不足の身体への悪影響は、パフォーマンスの低下だけでなく、否定的な記憶が肯定的な記憶より強く残りやすいことが分かっています。そのため、寝不足が続くと、仕事や生活での失敗や相手から言われた嫌なことなどが、いつまでも頭の中に残り続けやすくなり、余計に、自らのモチベーションを下げてしまう危険性があります。ただ、睡眠不足の悪影響は3日経った頃から現れてきますので、睡眠不足を2日連続までに抑えていれば問題ありません。週の前半（月曜日と火曜日）が忙しくて、睡眠がしっかりとれなければ、水曜日に早めに寝ると、週の後半（木曜と金曜）に悪影響をきたさなくなります。

（2）食事について

食事は、主食（コメ・パンなど）・主菜（肉・魚）・副菜（野菜）と、三つの皿をイメージして揃えましょう。野菜は、生野菜換算で1日300グラムは食べる必要があります。コンビニエンスストアで販売しているサラダの三つ分と考えましょう。なかなか、そこまでとれないと思っている方は、小さなパックで販売されている「もずく」「メカブ」などの海藻類を利用されてはどうでしょうか。

食事の食べ過ぎは、疲れの回復の妨げになります。腹八分目が大事です。たくさん食べそうなときには、野菜を先に食べることをお勧めします。

食事内容とメンタルヘルスの関係も分かっています。海外では、海藻や魚介類が豊富な地中海式料理ですが、日本の場合、伝統的な日本の食材を利用した和食を多くとっている人ほど、うつ症状が少ないことも分かっています。

（3）運動（身体活動）について

最近は、運動と生活活動を合わせて、身体活動と呼び、身体活動を一定の基準以上に維持することが大切と言われています。家の中で行う「家事」「掃除」「洗濯」などの生活活動も、「身体活動」の一部

message

ですから、家事で忙しく、なかなか家の外で汗を流すようなスポーツができないから、運動不足と考える必要はありません。

産業医である筆者の立場としては、居住環境はその中で過ごす人間の健康状態に最も影響を与えますので、「家事」「掃除」「部屋の片付け」「炊事」などはとても大切と考えています。

厚生労働省は、18-64歳の身体活動の基準として、強度が3メッツ以上の身体活動を1週間に23メッツ・時（＝メッツ×時間）行うよう定めています。具体的には、歩行またはそれと同等以上の強度の身体活動を毎日60分以上行うことが大切になります。歩行と同等、もしくはそれ以上の生活活動は下記のとおりですので、参考にしてください。意外に、家事をされるだけでも、十分に身体活動の基準を満たせると思います。

生活活動の強度（メッツ）	生活活動の例
3.0	普通歩行（平地、67m/分、犬を連れて）、電動アシスト付き自転車に乗る、家財道具の片付け、子供の世話（立位）、台所の手伝い、大工仕事、梱包、ギター演奏（立位）
3.3	カーペット掃き、フロア掃き、掃除機、電気関係の仕事：配線工事、身体の動きを伴うスポーツ観戦
3.5	歩行（平地、75〜85m/分、ほどほどの速さ、散歩など）、楽に自転車に乗る（8.9km/時）、階段を下りる、軽い荷物運び、車の荷物の積み下ろし、荷づくり、モップがけ、床磨き、風呂掃除、庭の草むしり、子供と遊ぶ（歩く/走る、中強度）、車椅子を押す、釣り（全般）、スクーター（原付）・オートバイの運転
4.0	自転車に乗る（≒16km/時未満、通勤）、階段を上る（ゆっくり）、動物と遊ぶ（歩く/走る、中強度）、高齢者や障がい者の介護（身支度、風呂、ベッドの乗り降り）、屋根の雪下ろし
4.3〜4.5	やや速歩（平地、やや速めに＝93m/分）、苗木の植栽、農作業（家畜に餌を与える）、耕作、家の修繕
5.0〜5.8	かなり速歩（平地、速く＝107m/分）、動物と遊ぶ（歩く/走る、活発に）、シャベルで土や泥をすくう、子供と遊ぶ（歩く/走る、活発に）、家具・家財道具の移動・運搬
8.0〜8.8	運搬（重い荷物）、荷物を上の階へ運ぶ、階段を上る（速く）

（4）年1回の定期健康診断を受けて、身体の病気はきちんと治療する

身体の病気とメンタルヘルスとの関係も分かっています。心疾患、脳血管疾患、がん、糖尿病、慢性の痛み、メタボリック症候群、貧血、睡眠時無呼吸症候群、アレルギー鼻炎、副鼻腔炎などは、うつ症状や睡眠障害に関係していますので、病院で必ず治療を受けましょう。

モチベーションを高めるためには

身体の健康管理ができてから、モチベーションをコントロールすることになります。くれぐれも体調が悪い時に、モチベーションを上げようとしないようにしましょう。

（1）夜、悩むことを減らす

人間は夜になると、健康な人でもくよくよ悩みやすいことが分かっています。ですから、夜にいろいろと悩み始めたら、キーワードを一つだけメモして、すぐに寝て、翌日の昼に再度考え直すことをお勧めします。間違って、悩みを詳しく書き出すと、余計に考え出しますので、メモの内容はキーワードを一つだけにするのがよいです。

（2）気持ちにこだわらずに、いつもの生活ペースを維持する

気持ちは、天候のように自分の思うようにならないことが多いです。「スッキリした」「爽快」「気持ちが晴れない」などの気分に振り回されずに、普段のタイムスケジュールどおりに行動することも大事です。朝起床する時刻、朝食をとる時刻、家を出る時刻など、毎日だいたい行動を起こす時刻を決めていることが多いと思います。それを維持することも大

事になります。

（3）自分のエネルギーのため方を知る

　ある心理学で、人と話すことで心のエネルギーがたまっていく方と、一人静かに自分の時間を過ごすことで心のエネルギーがたまっていく方の２通りがあるとされています。前者の場合、仕事や生活で忙しくなり、人と話す機会が減ってくると、元気がなくなってきます。一方、後者は、仕事で人と話をする機会が増えて、自分一人で過ごす時間が減ってくると、元気がなくなってきます。自分がどちらのタイプかを見分ける方法としては、自分にとってとても嬉しいことがあった場合、どちらかというと、すぐに友人に話したくなる方が前者、どちらかというと、自分一人でしみじみ感動をかみしめるタイプが後者のことが多いです。

（4）「結果」と「成果」を区別する

　「結果」というのは、自分の評価基準でうまくいったかどうかを判断したものです。一方、「成果」は他人の評価基準でうまくいったかどうかを判断したものです。しかも、他人の評価基準は、その時々で微妙に変化していきます。仕事は「成果」ですから、他人の評価基準で判断されます。しかも、内容によっては、複数名の評価基準で判断されるので、当惑される方も多いと思います。「結果」と「成果」を区別するということは、他人がどういう評価基準で、自分の仕事を判断しているのかを考えるということです。もし、その基準が分からない場合は、評価者に直接聞いたり、過去に、その方から評価された経験者に話を聞いたりすることが大事になります。自分の評価基準だけで仕事をしていては、疲れ果てて、燃え尽きてしまう危険性があります。仕事内容によっては、他人の評価基準で赤点を取らない程度に業務を行う術を知っておくことが大事になります。自分の仕事のやり方に、数種類の選択肢を用意しておくことは大切です。

（5）相手への期待度をコントロールする

　人を相手に仕事をする職種は、自分が何か行動したことに対して、相手から反応がないと「やる気」が低下しやすいです。その際に、相手からの反応について、知らず知らずに期待度を、自分が高めすぎている可能性も、時々確認しましょう。「もっと～してくれたら」「これだけ自分は～してあげているのに」と思うことがあれば、それは、相手への期待度を上げすぎている危険性があります。相手は、自分の思う程度よりも、もっと小さな反応を示しているかもしれません。その小さな反応を見つけてあげる余裕はもっておく必要があります。人によっては、全く反応しない方もいると思いますが、「反応しない」ことも、実は大切なメッセージだったりします。

（6）毎日、少しでも「できた」ことを確認する

　毎日、寝る前に、一つでも今日できたこと、うまくいったことを確認してはどうでしょうか。「１日怪我もせず過ごせた」「食事を美味しく食べた」など、どんな小さなことでもよいです。当たり前のことが当たり前にできたと見過ごすのではなく、ごく普通なことが普通にできることの大切さやありがたさを確認してもらいたいと思います。

　以上、いろいろと述べましたが、少しでも皆さんのお役に立てれば幸いです。

Profile

しみず・たかし　平成３年、産業医科大学医学部卒業。同年４月に三井化学（株）に専属産業医として入社。その後、産業医科大学産業医実務研修センター助手、EAP会社の産業保健部長を経て、平成18年に（株）JPRON・日本メディメンタル研究所を設立。メンタルヘルス対応を専門とした産業医活動や講演活動を行う。医学博士。

2019年4月から毎月末発行
刊行開始！

スクールリーダーのための12のメソッド

学校教育・実践ライブラリ

ぎょうせい／編

全12巻

A4判、本文100頁（巻頭カラー4頁）

1年でわが校を次代の学校へとつくりかえる わたしたちの最新メソッド。

最重要課題を深く掘り下げる〈各月特集テーマ〉

- **❶（4月配本）** 学校の教育目標を考えてみよう〜学校目標から学級目標まで〜
- **❷（5月配本）** 評価と指導 〜全面実施直前・各教科等の取組課題〜
- **❸（6月配本）** これからの通知表のあり方・作り方を考える
- **❹（7月配本）** 働き方で学校を変える〜やりがいをつくる職場づくり〜
- **❺（8月配本）** 校内研修を変えよう
- **❻（9月配本）** 先進事例にみるこれからの授業づくり〜単元づくりから指導案づくりまで〜
- **❼（10月配本）** 思考ツールの生かし方・取組み方〜「主体的・対話的で深い学び」を「アクティブ」にする方法〜
- **❽（11月配本）** 気になる子供への指導と支援〜特別支援教育のこれから〜
- **❾（12月配本）** 特別活動のアクティブ・ラーニング
- **❿（1月配本）** 総合的な学習のこれからを考える
- **⓫（2月配本）** 英語・道徳の総チェック〜全面実施の備えは万全か〜
- **⓬（3月配本）** 新課程の学校経営計画はこうつくる

全国の先進事例で悩みを解決！

＊各月特集テーマ名は変更する場合があります。

各巻定価（本体 1,350円＋税）各巻送料215円
セット定価（本体 16,200円＋税）のところ
2019年**9月30日**までにセットご注文をいただいた場合
約11％OFF

セットご購入特価　本体 14,400 円＋税　送料サービス

＊送料は2019年2月時点の料金です。

ぎょうせい

現場感覚で多彩な情報を発信。
2019年度の学校づくり・授業づくりはこのシリーズで！

●本書の特長●

1 "みんなで創る"
授業づくり、学校づくり、子供理解、保護者対応、働き方……。
全国の現場の声から、ともに教育課題を考えるフォーラム型誌面。

2 "実務に役立つ"
評価の文例、校長講話、学級経営、単元づくりなど、現場の「困った！」に応える、
分かりやすい・取り組みやすい方策や実例を提案。

3 "教養が身に付く"
単元とは、ユニバーサルデザインとは、など実践の土台となる基礎知識から、著名人の
エッセイまで、教養コーナーも充実。実践はもちろん教養・癒しも、この1冊でカバー。

●充実の連載ラインナップ●

創る create
- 田村学の新課程往来【田村　学〈國學院大學教授〉】
- 学びを起こす授業研究【村川雅弘〈甲南女子大学教授〉】
- 講座　単元を創る【齊藤一弥〈島根県立大学教授〉】　ほか

つながる connect
- UD思考で支援の扉を開く　私の支援者手帳から【小栗正幸〈特別支援教育ネット代表〉】
- 学び手を育てる対話力【石井順治〈東海国語教育を学ぶ会顧問〉】
- ユーモア詩でつづる学級歳時記【増田修治〈白梅学園大学教授〉】　ほか

知る knowledge
- 解決！　ライブラちゃんのこれって常識？　学校のあれこれ
- 本の森・知恵の泉【飯田　稔〈千葉経済大学短期大学部名誉教授〉】
- リーダーから始めよう！　元気な職場をつくるためのメンタルケア入門【奥田弘美〈精神科医・産業医〉】

ハイタッチな時空間を味わう
- [カラー・フォトエッセイ] Hands〜手から始まる物語〜【関　健作〈フリーフォトグラファー〉】
- [エッセイ] 離島に恋して！【鯨本あつこ〈NPO法人離島経済新聞社統括編集長〉】
- [校長エッセイ] 私の一品〈各地の校長によるリレーエッセイ〉

＊連載等の内容は変更する場合があります。

●お問い合わせ・お申し込み先
㈱ぎょうせい
〒136-8575　東京都江東区新木場1-18-11
TEL：0120-953-431／FAX：0120-953-495
URL：https://shop.gyosei.jp

解決！ライブラちゃんの これって常識？ 学校のあれこれ

「単」と「元」が合わさるとどうして「ひとまとまり」になるの？
［前編］

最近、ライブラちゃんの学校の職員室では、よく「タンゲン」という言葉を聞きます。担任の先生に聞いてみたところ、「単元」といって、勉強のひとまとまりをいうそうです。そこで、ライブラちゃんは疑問がわいてきました。「単」って一つのこと。「元」は元素とか、おおもととかのこと。どちらも小さいのに「単元」となるとひとまとまりって、どういうこと？ そこで、教育実践史という何やら堅そうな研究をされている宮城教育大学教授の吉村敏之先生を訪ね、「単元」についていろいろと聞いてみることにしました。

単元はもともと子供の都合でつくられた!?

なぜ、「単」と「元」でひとまとまりの意味になるのか――。なるほど、面白い質問ですね。虚を突かれました（笑）。次回までに調べておきましょう。

宿題ですよ、先生。

はい。ともかく、単元という言葉は、英語でユニット（unit）、ドイツ語でアインハイト（Einheit）といって、元々ひとまとまりという意味があります。これを教授理論として初めて提起したのは19世紀ヘルバルト派のチラーであるとされています。その当時は、子供の側からみた学習のまとまり、つまり、子供中心の学習のまとまりが単元と考えられていたのです。その後様々な経緯を経て、日本に入ってきたのは明治30年頃といわれます。

しかし、当時の日本は富国強兵の時代で、教育も天皇の臣民を育てるという考えがあったことから、単元は子供中心のものではなく、教師が教える単位となっていきました。つまり、教材のひとまとまりが単元と捉えられるようになり、そのために固定化した形式的な授業となっていきます。単元は「教える」システムとして根付いていったのです。今の、「導入・展開・まとめ」という授業の形式はその名残です。

昭和26年学習指導要領（試案）が子供中心の単元を提唱した

そうした中、戦後の1951（昭和26）年に学習指導要領（試案）が出されます。そこには、単元についての考え方や作り方などが詳しく記され、単元の原点に返る子供中心の考え方が示されました。

例えば、単元という言葉に対して、「従来意味していたものは（略）教材の一区分」であったとして、「学習者の経験の成長を重んじ、その総合的な発展を目指」す「経験単元」を提唱しています。そして、単元学習の特質について、①児童・生徒

の必要・関心・目的・問題などに基づいた意味ある問題解決学習であること、②教師と児童・生徒との協力によって計画が立てられること、③多様な学習活動が行われることなどが示されました。

　昭和26年は、日本が主権を回復した年で、この学習指導要領（試案）は、新国家建設のために、イデオロギーを越えて、様々な知見が結集したものでした。そこに子供中心の学習観が唱えられたことは注目に値しますね。

試案と新学習指導要領は多くの共通点をもっている

　ところで、今回の新学習指導要領は、昭和26年版と符合するところがたくさんあります。

　例えば、「年間計画と週計画」の項目には、年間計画・数週間の計画・1週間の計画の三つについて、「互いに関連をもち、全体として児童生徒の経験の発展を期す」と書かれ、「カリキュラム・マネジメント」に通じる考えが示されています。また、「単元の作り方」では、「児童生徒が自ら、自主的に目的を立て、計画し、実施し、その結果を評価する（略）問題解決の活動」を促進することや、「児童生徒が（略）建設的に協力」することで問題解決をしていくことが述べられ、「アクティブ・ラーニング」による授業づくりを提案しています。「地域社会の人々の影響」では、「教育課程の編成に当たっては、地域社会の人々の教育に対する意見をきいたり（略）地域社会の人々を加える」と

いった、現在の「社会に開かれた教育課程」が提言されています。

　新学習指導要領に取り組むに当たって、昭和26年版の試案を読み返すことは意義のあることではないでしょうか。

子供の"学びたい"を大切にした単元づくりを

　単元学習は、国語の大村はま先生（故人）が有名ですが、多くの現場では当時新設された社会科を中心に広がっていきました。茨城県境町立静小学校、愛知学芸大学附属春日井小学校などが単元学習に取り組んだ学校として知られます。ここでは、作業室・飼育室・科学実験室・フリースペースなど、子供中心の活動を保証するための学習環境として施設・設備も数多く作られました。子供を中心に、どのような学習活動によって、どのような力を身に付けさせるのかという目標に即して、単元をデザインしていく取組がみられたのです。

　次回は、ご質問の答えと併せて、大村はま先生の実践などに触れてみたいと思います。

吉村敏之 先生

1964年生。東京大学大学院単位取得退学。宮城教育大学教職大学院・教員キャリア研究機構教授。日本の教師の実践史を踏まえ、「深い学び」が成立する授業の原理と方法を研究。編著に『教師として生きるということ』など。

本の森・知恵の泉
[第4回]

いくつになっても人生は試行錯誤
『100年人生 七転び八転び』

反常識の道をゆく

「トヤマなんざ、陸上競技がやりたくってこの学校へ来たんだから……」

よく通るK先生の声、職員室の戸は開いているから廊下を通っていた著者（旧制中学生徒）は、偶然それを聞いてしまう。本書第1章は、これでスタート。学校は勉強第一、スポーツ第二。K先生の声は天啓のように思え、外山少年はスパイクを捨てる。反抗心もあったか……。

まちの本屋で、旧制中学の5年生でも手ごわい参考書を求め、3年生の外山少年は意地で必死にこれに取り組む。やがて、模擬試験で最高点をとったことから、英語なら他人に負けないといった気持がわいたのだ。英語学・英文学専攻の芽はここから出発か。よく通るK先生の声が、一人の生徒の進路に影響を与えている事実。

そして、東京高等師範学校入学は1941（昭16）年である。著者が、当時の敵性語を学ぶ道を選ぶことになったのは運命か。

ころがる石あたま

本書から、著者の教歴を拾ってみる。

1946（昭21）年に、東京文理科大学英文科卒業の著者は、東京高等師範学校附属中学校（現筑波大学附属中・高校）に赴任。附属学校の教師になって、いい気にもなっていたのだろう。でも、3か月もすると、幻滅を感じるようになる。第3章（33ページ）によれば、生徒の一人に、「先生は学力がないと、うちのおじいさんが言っている」との告げ口。唯一の反撃は、辞めることだと、一年間我慢したのち退職。将来の見通しもないままにいたら、「人もうらやむような就職をすると、たいていはダメになる」と、恩師のなぐさめ。つまずいてばかりいる人には福音だ。そして、時間講師を世話してくれた由。

著者は、福原麟太郎先生の高弟。その折、『英語青年』（雑誌）の編集に携わる日もあった。

若気の至り

1968（昭43）年、東京教育大学閉学。筑波大学創設のときだ。この折、東京教育大学在職の著者はどうしたか。第4章に、目を向けよう。筑波移転反対派の著者は、辞表をさっさと提出する。それと同時に、就職先を探した。拾ってくれるところを探していると言いふらし、すこしいやな気分だ。やがて、来ないかというところが現れ、いちばん近いお茶の水女子大学へお願いすることにした。

大学間の人事異動は「割愛願い」が必要。だが、受け入れ側の大学から、なかなか届かない。恩師のところへいき、うまく移れそうもないので英国へ留学でもしたいと話した。

やがて割愛願いが届いたが、「行く気がないから断ります」と言って、恩師にたしなめられた。ここまでしてくれるのに、苦労した人が何人かいるはず。断われば、その人たちの苦労が台なしだとのこと。深く反省したのは著者である。

『100年人生
七転び八転び』
外山滋比古 著
さくら舎

いいだ・みのる 昭和8年東京・小石川生まれ。千葉大学で教育学を、法政大学で法律学を学ぶ。千葉大学教育学部附属小学校に28年間勤務。同校副校長を経て浦安市立浦安小学校長。62年4月より千葉経済大学短期大学部に勤務し教授、初等教育学科長を歴任。この間千葉大学、放送大学講師（いずれも非常勤）を務める。主著に『職員室の経営学』（ぎょうせい）、『知っておきたい教育法規』（光文書院）、『教師のちょっとしたマナーと常識』（学陽書房）、『伸びる芽育つ子』（明治図書）ほか共著・編著多数。

千葉経済大学短期大学部
名誉教授
飯田　稔

遠くて近い思い出から

お茶の水女子大に移って数年、「あいつは学校の役職から逃げて、アルバイトで稼いでいる」と、事務の連中が言いふらしている。役職はいやだが、そんなことを言われるのは、本意ではない。

一番なり手の少ない役職は、附属幼稚園長。それを引き受けることにして、園に行って挨拶。「私は雨傘園長です。天気のよい日は用がない。どこにいるかわかりません。しかし雨がふったらさしてください。責任はすべて負います」と言ったら、教職員はみんな明るく笑った。そして5年過ぎると、あいつはいつまで園長を続けるつもりかという声が聞こえてきたから、すぐ辞めることにした。

園長としては、毎週土曜日を家族の日として休園を勝手に実施。やがて学校週5日制となったから、われわれは10年進んでいたのであると著者は園長時代を語る（第4章）。

知的試行錯誤のすすめ

「七転び八起き」でなく、「七転び八転び」が書名の本書。その副題は、"知的試行錯誤のすすめ"と付く。エッセイストとしても知られる著者は、専門の英文学をはじめ、人生論、教育論、言語論など、幅広くものが語れる人と、かつてより敬服していた。

だから本書でも、"知と独創のおもしろさ"や、"退屈は人生の大敵"などの話がいくつもある。教歴とかかわる文を、ピックアップしたのは筆者。著者の語りは、幅広く奥深いのだから……。ぜひとも読みたい一冊なのだ。

補遺（183ページ以下）として、「100年人生を生きるコツ」を、95歳の著者は語る。"年齢ごとに頭の使い方を切り替えていく"ことなど、12の事柄が語られていて、人生百年時代に向かうわれわれに、貴重な示唆を与えてくれる。

さて、本書を読むと、戦前・戦中の学校制度や、敗戦後にもそれが及んでいることなどの理解が必要と思われてならない。高等師範と文理大の関係一つがわからないと、読みとばしてしまうのではないか。

本書の読者は、"新制育ち"の世代である。旧制の制度や進学状況のアウトラインを知って読むといい。教師であった自分は、それを確かめながら読んだ。わずか数十年前の事情すら、わからなくなっているかと……。

リーダーから始めよう！
元気な職場をつくるためのメンタルケア入門 [第4回]

ストレスサインが出現し始めた時のセルフケア〈その1〉

精神科医（精神保健指定医）・
産業医（労働衛生コンサルタント）
奥田弘美

　前回はストレスが蓄積し始めたときに、心や体から発生する「ストレスサイン」について解説しました。イライラする、涙もろくなる、コーヒーやタバコの量が増える、体が気だるくなる……などなど、身体面、行動面、精神面に現れるストレスサインは、人それぞれで違います。自分自身に発生しやすいストレスサインを「マイ・ストレスサイン」として予め自覚しておくと、ストレスの早期発見・早期対応がしやすくなります（詳しくは前号をご参照ください）。

　さて、今回はこのマイ・ストレスサインをキャッチしたときに自分で行う心身のケア法についてお伝えしたいと思います。

　マイ・ストレスサインが発生し始めたときというのは、心と体のエネルギーレベルがどんどん低下し始めている状態です。イメージとしては、ストレスによるエネルギーの消費が続いているために、供給が追いつかない状態になっていると考えてください。こういった「エネルギー消費＞エネルギー供給」状態を放置しておくのは危険です。本格的な心身の病に移行する前に、速やかにエネルギー消費を減らし供給を増やすことが大切です。今回は、まず「心身のエネルギーの消費を減らすための手法」についてお伝えしましょう。

《心身のエネルギー消費を減らすための手法》
（手法1）可能な限り、ストレスの原因を取り去る。
　ストレスの原因がはっきりしている場合は、できるだけ、その原因を取り去ったり、関わりを薄めたりすることが大切です。例えば何かの担当を任されたことがストレス源となっている場合は、その担当を降ろしてもらうなどスッキリ取り去ることができれば一番の解決法です。
　しかし仕事上ではどうしても関わりをなくすことができない場合も多いでしょうから、そういう場合は無理せずに、上司や同僚にヘルプを求めて「関わり方を薄める」ことを考えます。例えば担当を複数にしてもらい交代して役職に当たる、自分1人だけでなくグループで対応するなど、関わり方を薄めます。

　またストレス源に関わっている間は、できるだけ物理的にも心理的にも遠ざかる時間を捻出することも大切です。そのストレスから全く無関係な場所や時間を、毎日確保してみましょう。例えば家庭で何らかのトラブルが発生している場合は、仕事からの帰り道に、30分でもカフェでリラックスできる時間をもつ。職場がストレスの場合は有給休暇を活用して一週間の途中で半日だけでも休んでみる、といったことでもOKです。

（手法2）できるだけ体の疲労を癒す。
　ストレスで心が弱っているとき、体までも疲労していると、さらに心のエネルギーレベルが下がってしまいます。ストレスサインを感じ取ったら、速やかに体の疲れを普段より入念に癒しましょう。しっかり栄養の良いものを食べて、しっかり寝る。そして、できるだけ休息する時間をつくるということが大切です。
　食事は、肉、魚、大豆製品、卵といったたんぱく質と野菜類を普段より多めにしっかりとり、疲労回復物質であるアミノ酸、ビタミン、ミネラルの摂取を強化します。ほどよく糖質も摂取する必要がありますので、過激な低糖質ダイエットをしている方はお休みしてください。睡眠も最低7時間以上は、しっかりとれるように、夜遅くまで残業したり、付き合いで飲み会に参加したりすることは、避けましょう。

（手法3）生活上での余分な変化を増やさない。
　ストレスの正体は、「変化」が元になっています。そのためストレスサインが出ているときには、新しい変化を増やさないようにすることが大切です。
　例えば新しい仕事を引き受ける、ダイエットや禁煙にチャレンジする、遠方に旅行に出かけるなど、新たな変化はしばらく避けた方が無難です。

（手法4）「ねばならない思考」をできるだけ減らす。
　ストレスサインが現れているときは、できるだけ自分の「〜したい」を優先させ、「〜ねばならない」を極力減らします。「〜ねばならない」「〜すべき」思考は、自分に鞭を当て、無理やり動いていることが多いためエネルギーの消耗度が概ね高くなります。
　ストレスサインが出てきたときは自分に甘くなって「〜したい」思考を優先させ、ちょっとわがままに生活していきましょう。

　このようにして心身のエネルギー消費を意識的に減らしたのちに、エネルギーを供給するための行動を実践します。このことについては次回に詳しくお伝えする予定です。どうぞお楽しみに。

●おくだ・ひろみ　平成4年山口大学医学部卒業。都内クリニックでの診療および18か所の企業での産業医業務を通じて老若男女の心身のケアに携わっている。著書には『自分の体をお世話しよう〜子どもと育てるセルフケアの心〜』（ぎょうせい）、『1分間どこでもマインドフルネス』（日本能率協会マネジメントセンター）など多数。

変わる指導要録・通知表

新しい評価のポイントが「速」攻で「解」る！

2019年改訂　速解 新指導要録と「資質・能力」を育む評価

市川伸一［編集］　東京大学大学院客員教授・中央教育審議会
教育課程部会児童生徒の学習評価に関するワーキンググループ主査

A5判・定価（本体1,800円＋税）送料300円
＊送料は2019年6月時点の料金です。

◆新しい**学習評価のねらい**は何か。「**主体的・対話的で深い学び**」をどう見取るか。
◆新たな3観点「**知識・技能**」「**思考・判断・表現**」、そして「**主体的に学習に取り組む態度**」をどう評価するか。
◆**指導要録の様式改訂**でどのように記述は変わるのか。

若手が"みるみる"育つ！

教師のライフコース研究からひもとく **若手育成の秘策**

若手教師を育てるマネジメント
―新たなライフコースを創る指導と支援―

大脇康弘［編著］　A5判・定価（本体2,400円＋税）送料300円
＊送料は2019年6月時点の料金です。

ベテラン教師の大量退職、若手教師の採用急増、学校をめぐる様々な教育課題への対応…。
いまスクールリーダーに求められる、若手教師の育て方・生かし方がわかります！

 株式会社 ぎょうせい　フリーコール **TEL：0120-953-431** [平日9～17時]　**FAX：0120-953-495**
〒136-8575 東京都江東区新木場1-18-11　**https://shop.gyosei.jp**　ぎょうせいオンラインショップ 検索

田村 学の
新課程往来
[第4回]

校内研修を質的に転換しよう

　各地の授業を参観することが多いです。授業研究についての考えを記します。

意識を転換する

　「授業研究」は、明治以来続く日本の教育文化で、担当する教師は何週間もかけて授業の指導案を作ることもあります。実際の授業においては、暮らしの中の日常的な素材を使ったり、子供が自ら参加できるような学習活動を用意したりして様々に工夫します。それは、子供の自発性を発揮できるようにし、子供がよりよく理解することができる「主体的・対話的で深い学び」を実現するための工夫であり、そうした工夫が公開する授業には様々に盛り込まれていきます。

　こうして公開された授業の後に、授業について語り合う協議会が行われます。この協議会では、多くの場合、授業者の発問、指示、板書、教材提示などの教材研究、学習環境の構成や1時間の学習過程、単元計画などの単元構成や年間指導計画などが幅広く話題となります。そして、授業者への質問や意見などを中心として展開されていくことが多いように思います。

　「どのような意図で、あの発問をしたのですか？」
　「どうしてあのような資料の提示の仕方をしたのですか？」
　「なぜ、あの子を最初の発言者として指名したのですか？」

　こうして「授業研究」は、授業者に対する指摘を中心に展開されることが多いようです。
　「とても素晴らしい授業でした」
　「子供が生き生きとしていて勉強になりました」
などと、当たり障りのない意見で終始してしまうこともあります。

　最初の事例は、参観者の意識は高く、授業から多くを学び取ろうとしているように見えます。また、協議会でも積極的な発言が行われ、活気ある協議会になっているような気がします。しかし一方で、授業者に対する否定的な発言が重なり、せっかくの授業者をネガティブな状況に陥らせてしまうこともあります。後者の事例は言うまでもありませんが、前者の事例においても「授業研究」を改善していく必要があるのではないでしょうか。重要なポイントは、意識の転換にあります。

　「授業研究」は授業者の腕の善し悪しを判断し、授業者の力量を品定めする場ではありません。むしろ「授業研究」は、子供の学びを対象とすべきです。そのことは、結果的に授業者よりも参観者の姿勢と力量が試される場となることを意味します。校内研修や「授業研究」を通して、全員で学校・授業づくりに向き合う場を生成することが大切なのです。

固有名詞と具体の事実で語る

　研修会や授業後の協議会での発言はどのようになっているでしょうか。一般的な意見を、抽象的な言葉を使って話し合ってはいないでしょうか。私た

たむら・まなぶ　1962年新潟県生まれ。新潟大学卒業。上越市立大手町小学校、上越教育大学附属小学校で生活科・総合的な学習の時間を実践、カリキュラム研究に取り組む。2005年4月より文部科学省へ転じ生活科・総合的な学習の時間担当の教科調査官、15年より視学官、17年より現職。主著書に『思考ツールの授業』（小学館）、『授業を磨く』（東洋館）、『平成29年改訂 小学校教育課程実践講座　総合的な学習の時間』（ぎょうせい）など。

田村　学
國學院大學教授

ちは、授業などにおける子供の姿を基に協議の場に臨むわけです。協議会では、授業の具体的な事実と子供の名前を用いて語ることが欠かせないはずです。

「○○さんが、○○の場面で、○○と発言しました」
と。

　そのためには、一人一人の子供の姿を丁寧に見取り、記録することが求められます。「主体的・対話的で深い学び」を明らかにするためには、諸感覚をフルに使って、子供の発言、子供の行為からの情報収集に努めなければなりません。そのためにも、とにかく記録することが欠かせないでしょう。デジタルカメラやデジタルビデオ、ICレコーダーなどももちろん有効なツールです。しかし、それらは補助的なツールであり、授業の子供の事実は、文字言語で記録し、書き留めることによってこそ明らかになると思います。

　加えて言えば、その事実が生じた原因を探りたいものです。子供の学習活動がスムーズに展開したとしても、混乱して道に迷うような授業になったとしても、そうした状況が生じた原因があるはずです。授業の記録を書き留めながら、どこに原因があったのかを推論していくのです。研修会や「授業研究」の質を高め、「主体的・対話的で深い学び」を検討するには、参観者の姿勢と取組こそが問われるのです。

代案を示す

　校内研修や授業後の協議会で批判ばかりを繰り返す参観者がいます。実際の授業の在り方に対して賛否を表明することは必要です。子供の姿の細部にわたって丁寧な観察をしてきた結果の発言でしょう。だとすればなおのこと、気になった場面についての代案を示すことが大切になります。授業中に見られた課題や生じた問題状況を、どのように改善すべきかを具体的なアイディアとして語り、意見交換していかなければならないはずです。

「○○が気になりました。その原因は○○にあると思います。私なら○○してはどうかと考えます」
と。

　こうした発言をしていくためには、授業を参観しながら、問題状況の原因とその改善策を「どうして」「どうする」と考え続けなければなりません。協議会では、互いのアイディアを披瀝し合い、よりよい授業へのヒントを出し合うことが大切になります。ここで代案を示せる教師こそが実力のある教師と言えるのではないでしょうか。研修会や「授業研究」の質を高め、「主体的・対話的で深い学び」を検討するには、参観者の力量こそが問われるべきなのです。

コミュニケーションとは関係性を食べる?

東京学芸大学准教授
末松裕基

　学校経営においてコミュニケーションのあり方はとても重要になるものだと言えます。ただ、コミュニケーションについて、どのように考えるかということは、さほど振り返る時間がないのも今の学校の実情ではないでしょうか。今回の連載では、どのようなコミュニケーションが良いと言えるのか考えてみたいと思います。

◆関係性を食べる？

　思想家の鶴見俊輔さんが、母娘のある会話を紹介しています。2歳の女の子が、店頭で見た唐揚げをお母さんに「おいしそうだねぇ」と言い、それに対して母親も「そうだね。美味しそうだね」と言っているような場面です。

　実際に母親がそこで買った唐揚げはありふれたものであっても、その女の子の記憶にはこの唐揚げは特別なものとなり、その後も事あるたびに想い出されるようなものになると思います。鶴見さんは、この場合の女の子は唐揚げを食べているだけでなく、母親との人間関係を食べているとおもしろい表現をしています。

　また同じく鶴見さんは、医療場面に目を向けて、どんなに医療を尽くしても最後に残るのは、看護する人とされる人との間の一つの挨拶であると指摘しています。

　手を握り合って看取り、その際の関係性がうまく終わればそれでよい。そのようなものを求めるのが医療のあるべき姿だと述べています。

　ここにあるのも人々の良好な関係性が前提になっているようなコミュニケーションだと言えます。鶴見さんはコミュニケーションそのものが発するメッセージだけでなく、その前提にこのような人間関係がある場合には、通常のコミュニケーションと違って「温かさの感覚」があると指摘しています。そのような感覚があることによって、コミュニケーションは豊穣になり、知的生産の基礎にもなりうるとしています（『期待と回想―語りおろし伝』2008年、朝日新聞社）。

◆最高のスパイス？

　9歳の時に失明し、その後、18歳の時に聴覚も失った福島智さんも人のコミュニケーションについて、次のように興味深いことを言っています。

　「ところで、『食べ物のうまさ』にとって一番大切なものは何だろうか。『空腹は最良のスパイスだ』とよく言われる。また、『その土地でとれた旬のものを、その土地のやり方で食べるのが一番うまい』などともいう。それぞれ、もっともな見解だ。しかし、私は、『コミュニケーションの楽しさが最高のスパイスだ』と思うのである。」（『渡辺荘の宇宙人―指点字で交信する日々』素朴社、1995年、50頁）

●すえまつ・ひろき　専門は学校経営学。日本の学校経営改革、スクールリーダー育成をイギリスとの比較から研究している。編著書に『現代の学校を読み解く―学校の現在地と教育の未来』(春風社、2016)、『教育経営論』(学文社、2017)、共編著書に『未来をつかむ学級経営―学級のリアル・ロマン・キボウ』(学文社、2016)等。

彼はこう述べたあとに、次のように続けおもしろい問いかけをしています。

「たとえば、こんな話を考えてみたらどうだろう。『あなたを含めた気の合う仲間数人を食事にご招待します』という申し出が、あなたのもとに来たとする。招待には二つのコースの選択肢がある。一つは、一流のフランスレストランでの豪華なディナー。もう一つは、大衆酒場のチェーン店でのささやかな酒盛り。ただし、条件があって、レストランではテーブルについている間、ひとこともしゃべってはならず、大衆酒場ではおしゃべりが自由だ。さて、あなたはどちらを選ぶだろうか。」(50-51頁)

福島さんは、盲ろう者はこの二つのパターンを日常的に経験しており、すぐ隣でしゃべっている人がいても、直接手を触れ合わせてコミュニケーションをもって周囲の人の言葉を伝えてもらわない限り、しゃべっている人の言葉や談笑していることがわからず、それは上記前者のようであり、あたかも「独房での食事」と同じほど味気ないものだと述べています。

◆コミュニケーションの三つの壁

福島さんは、9歳の時に失明した際、失ったものは大きかったものの、音の世界も捨てたものではないとして、「それほど大きなショックではなかった」と振り返っています。

しかし、その新たに発見した音の世界も、18歳の時に、急激に聴力が低下したことで失うことになります。

福島さんはその際のことを振り返りながら、「私は、『世界』を喪失した」と述べた上で、次のようにも語っています。「聴力が低下していく過程で、私が最も恐れたことは、他者とのコミュニケーションが消えていってしまうことだった」(64頁)。

しかし、その後、指点字というコミュニケーションの確保によって、「第一の壁」は破られます。ただその後まもなく彼は「第二の壁」にぶつかったと述べています。

「手段は使わなければ意味をなさず、使われるためには努力が必要だ。盲ろう者が他者とともに生きていくには、周囲の人間との間の温かい信頼関係と相互理解を作り上げていくという、"第二の壁"を乗り越えることが不可欠である。」(67-68頁)

以上からわかるのは、まずは、指点字によるコミュニケーションの手段の確保の段階があり、その上で、コミュニケーションを作動させる信頼関係の確保の段階があったということです。この第二の段階は、工夫して得た手段を用いて持続的にやり取りをすることを意味しています。つまり、他者とのコミュニケーション関係を形成することだと言えます。

これらがスムースに整ってからも実際には、福島さんは「第三の壁」があったとして、それは、周囲のコミュニケーション状況に自らが能動的に参加する段階だったとしています。つまり、開かれたコミュニケーション空間を彼の周囲に形成することが必要であったとしています。

福島さんは「障害の有無は、人生の豊かさとは独立した要因だ」と述べており、視覚と聴覚を失ったがゆえに、彼はこのようにコミュニケーションの本質を考えるに至り、苦労しながらもそれに諦めずに向き合い、その困難を乗り越えていったと言えます。彼の姿と生き様は非常にたくましく、学校での対話のあり方にも多くのヒントをもたらすのではないでしょうか。

ここがポイント！
学校現場の人材育成
［第4回］

学校現場におけるOJTによる人材育成〈その1〉

●本稿のめあて●

これまでは、新任教員の即戦力化による人材育成をみてきましたが、学校の働き方改革が叫ばれる中、学校現場のOn the Job Training（OJT）に視点を当てて、いわば、普段着でできる人材育成の方法について考えていきます。

先輩教員vs後輩教員の切磋琢磨

前号では、「教員は学校現場で成長するもの」と記述いたしました。まさに、教員は学校現場で、他の教員との切磋琢磨で自己の指導技術を磨いてきた歴史があります。筆者が教員であった昭和50、60年代は、よく職員室で先輩の教員から教科指導、生徒指導、進路指導、保護者への対応方法などについて教え合う風土がありました。筆者も、初任者であった頃は教えていただき、少し経験を積んでからは、後輩の教員に、今度は逆に助言したりしたものです。あるいは同世代の教員同士でよく教育の在り方をめぐって激論して自己の「子供との接し方、教え方」などをより良くしていったものです。その当時はOJTなどといった言葉も使っていなかったかと思いますが、これこそが、今で言うOJTそのものであったと考えます。必ずしも組織的あるいは計画的なものではありませんでしたが、先輩教員が語る指導技術・教育実践に唸り、自己を更に高めていこう、そして、何よりも子供たちに対して、どんな指導が最適なのか試行錯誤を通して、自分の「教え方」を確立していったものです。奇妙な言い方ですが、経験を積んで円熟味が増した年齢となったときでも、経験の浅い教員から最新の指導方法について学ぶことも多くありました。

筆者がまだ、駆け出しの都立高校の教員時代に先輩から教えていただいた、「子供には、逃げ道を作ってやれ、理詰めで子供を追い詰めてはだめだ」や「子供を褒めるときは、本当に誠心誠意褒めてやれ、褒められて反発する子供はいない」などという諫言は、その後の教員生活に役に立ちました。

しかしながら、今の教育現場はどうでしょうか。職員室などで、先輩教員が後輩教員に対して、経験から裏打ちされた指導技術などを伝授していく風景はほとんどなくなったと聞いています。また、「先輩教員の話などは、若い教員が真剣に聞かなくなっている」あるいは、「うちの学校の年配の先生方からは、何も教育に関する話などを聞いたことはない」など、教員同士が切磋琢磨して成長するような現場がなくなりつつあるのを実感します。

こうした状況について、東京都教育委員会は、「都内公立学校全体で、毎年1500名前後の教員が定年退職を迎え、経験豊かで優秀な教員が教育現場から去る一方、教職経験の少ない若手教員が増加し、採用後10年以内の教員が全教員の4割以上を占めています。このことにより、優れた指導技術や教育実践が十分に伝わらず、教育の質の低下につながることが危惧される」として、優れた指導技術や教育実践を確実に継承するために、人材育成の核に意図的かつ組織的なOJTを位置付けることにしました。

課題解決のための視点と方策

平成20年10月に、東京都教育委員会は、「OJTガイドライン—学校におけるOJTの実践」と題する人材育成の基本を示しました。ここでは、これまでの人材育成では、学校内の研修会や研究会、教育センターなどでの研修や自己啓発による研修などの取組が主であり、教員個人の研修への意欲、育成する側

たかの・けいぞう 昭和29年新潟県生まれ。東京都立京橋高校教諭、東京都教育庁指導部高等学校教育指導課長、都立飛鳥高等学校長、東京都教育庁指導部長、東京都教育監・東京都教職員研修センター所長を歴任。平成27年から明海大学教授（教職課程担当）、平成28年度から現職、平成30年より明海大学外国語学部長、明海大学教職課程センター長、明海大学地域学校教育センター長を兼ねる。「不登校に関する調査研究協力者会議」委員、「教職課程コアカリキュラムの在り方に関する検討会議」委員、「中央教育審議会教員養成部会」委員（以上、文部科学省）を歴任。

明海大学副学長
高野敬三

の意識、学校の取組体制などに頼ってきた面が多々あるとして、次の課題を指摘しています。
○ 学校に所属するすべての教員が、必ずしも着実に力を身に付けているとは限らない。
○ だれに対してどのような育成をするか、だれが育成を担当するかが明確になっていない。
○ 一人一人の教員の成長が、学校全体の教育力の向上や学校が抱える課題解決に十分につながっていない。

こうした教員の育成上の課題を解決し、教員の人材育成を着実に行っていくために、学校内においてOJTを組織的に推進することとしました。いうまでもなく、OJTは職務を通した人材育成であり、すべての教員を対象として、身に付けるべき力を意識的、計画的、継続的に高めていく取組です。一定の時間の中で行うことができ、即効性があります。また、一人一人の教員の職務遂行能力を向上させることができ、学校全体として質の高い教育を提供し、学校が抱える課題の解決にもつながります。

職務を通じて行うOJTには、次のような実効性があるとしています。

（1）新たに時間や場所を確保することなく、学校の職務を遂行する中で育成できる。必要なときにできるので、育成の機会を多くもつことができる。
（2）一人一人の教員の課題に応じた具体的な指導が可能であり、個別に最も有効な方法で育成することによって成長が早まる。
（3）OJTの実施状況や目標の達成状況に応じて、OJTの方法を適宜改善することができる。
（4）OJTを受ける側だけでなく、行う側にとってもOJTの機会となる。人に教えながら自分の教育指導や校務分掌遂行の在り方を見直したり、見本となることで職務への意識が向上する。
（5）育成される側が、いずれは育成する側になるという、育成機能の連続性を学校内に確立できる。

左の図は、OJTの組織体制の例です。

次号においては、もう少し詳しく、東京都が示した学校現場におけるOJTによる人材育成をみていきます。

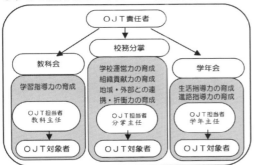

◎今ある組織を生かしたOJT組織体制

OJTは、日常業務を通して行うため、新たに実施体制を構築する必要はありません。今ある組織を活用することで、十分に効果的なOJTを行うことができます。ここでもOJT責任者が、教員一人一人の力に応じて、OJT対象者の目標を明確に設定します。

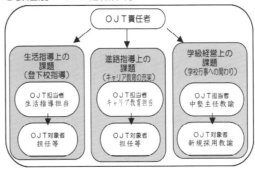

◎課題別のOJT組織体制

OJT責任者は、OJT担当者の得意分野や専門領域を把握し、OJT対象者の能力に応じた適切な目標を設定し、両者の組合せを行います。OJT責任者同士で連携し、課題別のペアやグループを編成し、OJTを効果的に実施します。

出典：東京都教育委員会「OJTガイドライン【第3版】」平成27年10月

子どもの心に響く 校長講話 [第4回]

糸なし糸電話

福岡県筑紫野市立原田小学校長　**手島宏樹**

　今日は、校長先生は、ドラえもんの秘密の道具について、話をします。スクリーンを見てください。これは、何かわかりますか？

　そうです。「糸なし糸電話」です。糸がつながっていなくてもお話ができる道具です。糸がなくても遠くで話ができる便利なものがありますよね。

　そうです。携帯電話やアイフォンですね。ドラえもんの糸なし糸電話が、今は携帯電話やアイフォンとなって使われています。

　次を見てください。これは、何かわかりますか？

　そうです。これは「ウマタケ」です。「ウマタケ」は、馬と竹が組み合わさった生き物で、のび太も乗ることができます。「ウマタケ」は、絶対にひっくり返ることがなく、すごいスピードで走ることもできます。これと似たものがありますよ。わかりますか？

　そうです。「セグウェイ」です。セグウェイも一人で乗れ、自由に移動することができます。展示場やイベント会場で見た人もいると思います。

　最後です。これはわかりますか？　のび太の前に座っている人形です。

　これは、「いたわりロボット」です。のび太が悩みを聞いてもらっています。悩みを聞いてもらったり、お年寄りの人と話をしたりするロボットです。

　こんなロボットもすでに開発されています。「ペッパー君」や「犬ロボットのアイボ君」です。

　今紹介したように、ドラえもんの世界で登場した「秘密の道具」が、たくさん実現されています。これからも、もっとたくさん開発されることでしょう。

　これからの時代は、AI「人工知能」がもっと発展する時代であり、ビッグデータが活用される時代になります。皆さんが活躍する令和の時代には、もっとたくさんのロボットが開発されたり、車も自動運転になるかもしれません。

　どんな時代になるか楽しみですね。

　これで校長先生の話を終わります。

■講話のねらいとポイント

　令和の時代が始まり予測困難な時代を迎えようとしています。ビックデータやAI、IoT等の発展に伴い、仮想空間と現実空間を高度に融合させるシステムが次々に生み出されようとしています。身近なところでは、車の自動運転システムがあります。また、ビットコインなどの仮想通貨も出現しています。キャッシュレス化なども言われ始め、経済の発展に伴い仮想通貨と私たちの生活がもっと接近していくのではないかとも考えられます。そんな、Society5.0の時代が目前に迫っています。そこで今回は、平成の時代を代表するSociety4.0（情報社会）に関わる内容を子どもたちに伝え、これから迎える新時代（Society5.0）への橋渡しとなればと考え、子どもたちに話をしました。特に、子どもたちに身近で、子どもたちが未来社会を考えるのに適していると思い、ドラえもんの魔法の道具を題材としました。ドラえもんがポケットから取り出す道具のいくつかを選び、現在具現化されていると考えたものを映像で結び付けながら話をしました。

■8月の学校経営

　夏季休業期間中に、職員研修の一つとして、金融機関の職員の方に講師をしていただき、生涯の資産形成に役立つ「マネー講座」を計画しました（商品紹介ではありません）。この研修を位置づけたのには次の2つの理由からです。
　一つは、現在、「2000万円」問題の是非について報道等もあっていますが、私が令和元年6月4日の西日本新聞に目を通していたとき、「人生100年　年金頼みに限界」という記事が目に留まりました。金融庁が公表した「高齢社会の資産形成に関する報告書」です。そこには、公的年金を過度にあてにせず、自助努力で老後に蓄える必要性が示されていました。この記事の内容については、政府内でも論議が繰り返されていますが、自分のお金について考えるよい機会だと思ったからです。
　もう一つの理由は、本校の教職員は日々の教育活動に精一杯取り組み、今後の生活まで考える余裕がないのではと考えたからです。特に、大量採用が続く中、若年者研修や基本研修が続く中、若い先生方はこれから先の生活（特にお金に関して）について考えている教職員が少ないのではないかと考えたからです。
　そこで、これからの自分の人生設計に必要になると考え、「マネーセミナー」という研修の時間を計画したのです。教職員からは、「今2000万円問題の報道が盛んに行われているが、自分のお金についての話には興味があります」「産休に入るけど、是非参加させていただきたい」などの声も上がりました。
　実際の研修は、今からです。先生方がどのような感想をもたれるのかが楽しみです。

Hooray!
〜わたしのGOODニュース〜

読売新聞特別編集委員

橋本五郎

　私のふるさと、秋田県山本郡三種町（旧琴丘町）に「橋本五郎文庫」という図書館があります。干拓された八郎潟という湖の東のほとりにありますが、全校生徒がわずか19人にまで減り、2009年、とうとう統合されてしまいました。廃校になった校舎を利用して、東日本大震災直後の2011年4月29日にオープンしたのが橋本五郎文庫です。

　その文庫の8周年を祝う会が今年4月27日に行われました。テレビの司会で有名な羽鳥慎一さんが特別ゲストで、私とのトークショーがメインでした。私が生まれ育ったところは過疎の過疎の地です。奥羽本線という鉄道は通っていますが、50年以上前に無人駅になりました。地区の住民は500人になってしまいましたが、この日は700人の人が駆けつけてくれました。

　私にとって「文庫」は特別の思いがあります。廃校になった校舎はほったらかしになって、ネズミの巣になってしまいました。何とかしたいと思い、東日本大震災の前の年の10月に、町長さんに「私の持っている本の中から2万冊を寄付したいと思っています。それで図書館をつくりたいのです」と申し出ました。

　私の地区は7つの集落に分かれています。その代表者が委員会を作ってボランティアを募集したところ、40人の人が手を挙げました。ほとんどが農家の主婦です。図書館といっても、誰も知りません。秋田市にある県立図書館に行って本の分類をはじめ一から勉強しました。そして明け方農作

「手作り図書館」に幸あれ 〜橋本五郎文庫8周年〜

業し、昼、本の整理をし、2万冊をパソコンに打ち込み、孫まで動員してラベルを貼ってオープンにこぎつけたのです。

なぜ図書館をつくろうとしたのか。私には母親のことがありました。母は24年前、81歳で亡くなりましたが、60歳の時に「老人の憩いの森」を造りました。持っている山を切り開いて桜の木を植え、ベンチを置いて花見ができるようにしました。そのことが頭にあって、自分だったら何ができるか考えました。私が持っているのは本しかありません。それで図書館をつくろうと思ったのです。

私は2万冊を寄付しただけです。この図書館は行政の力を借りることなく、地元の人たちだけでつくり上げたものです。いろいろな人が協力してくれました。建築家の安藤忠雄さんは、ご自分が設計した建築物のパネルを送ってくれました。「安藤忠雄コーナー」になっています。

毎年ゲストが来てくれています。辛坊治郎、西尾由佳理、小泉進次郎、櫻井よしこ、宮根誠司さんらが地域のお年寄りを激励してくれました。私が送った2万冊は今や4万冊になり、入館者は8年間で3万4000人を超えました。

地方の衰退は進むばかりです。避けようがありません。しかし、一番大事なことは、その地に生まれ育ってよかったと思って死ぬことだと固く信じています。そのためには自分たちの手で何かを為そうとしなければなりません。文庫の8周年はささやかではあるが、その証しだと思っています。

●Profile●

1946年秋田県生まれ。70年慶應義塾大学法学部政治学科を卒業後、読売新聞社入社。75年本社社会部、76年より政治部、論説委員、政治部長・編集局次長を歴任。99年からは日本テレビ系列「ジパングあさ6」「ズームイン!!朝」でニュース解説を担当。2006年より現職。日本テレビ「スッキリ」、読売テレビ「ウェークアップ！ぷらす」「情報ライブ ミヤネ屋」にレギュラー出演。2014年度日本記者クラブ賞受賞。主な著書に、『宿命に生き 運命に挑む』（藤原書店）、『官房長官と幹事長』（青春新書インテリジェンス）、『心に響く51の言葉』（中央公論新社）、『総理の覚悟』『総理の器量』（中公新書ラクレ）、『「二回半」読む』『範は歴史にあり』（藤原書店）他。

新しい学習指導要領が描く「学校」の姿とは——。
明日からの「学校づくり」に、その課題と方策がわかる！

管理職試験対策にも必備！

次代を創る「資質・能力」を育む学校づくり

全3巻

吉冨芳正（明星大学教育学部教授）【編集】

A5判・各巻定価（本体2,400円＋税） 送料300円
セット定価（本体7,200円＋税） 送料サービス

■巻構成
- 第1巻 「社会に開かれた教育課程」と新しい学校づくり
- 第2巻 「深く学ぶ」子供を育てる学級づくり・授業づくり
- 第3巻 新教育課程とこれからの研究・研修

次代を担う子供を育む学校管理職・次世代リーダーのために——。
学校経営上押さえるべきポイントを、卓越した切り口で解説！

学校の明日を拓く リーダーズ・ブック！

○新学習指導要領は「どう変わるか？」では対応しきれません。
○次代を担う子供を育む「学校」「学級」「授業」には、構造的な改善が求められます。
○本書は、精選した切り口・キーワードから課題と方策を明示。明日からの学校経営をサポートします。

管理職試験対策にも必備！

新課程の課題の最終チェックはこのシリーズで！

●2030年の社会に向けた新・学校像を徹底考察

第1巻　「社会に開かれた教育課程」と新しい学校づくり

第1章	これからの学校づくりと新学習指導要領	吉冨芳正	（明星大学教授）
第2章	中央教育審議会答申を踏まえた新たな学校経営課題	寺崎千秋	（一般財団法人教育調査研究所研究部長）
第3章	「社会に開かれた教育課程」の実現 ――「総則」を学校づくりの視点から読む――	石塚　等	（横浜国立大学教職大学院教授）
第4章	次代の子供を育てる学校教育目標	天笠　茂	（千葉大学特任教授）
第5章	「カリキュラム・マネジメント」で学校を変える	赤沢早人	（奈良教育大学准教授）
第6章	「チーム学校」で実現する新教育課程 ――これからの組織マネジメント――	浅野良一	（兵庫教育大学教授）
第7章	地域との新たな協働に基づいた学校づくり	佐藤晴雄	（日本大学教授）
第8章	小中連携・一貫教育を新教育課程に生かす	西川信廣	（京都産業大学教授）
第9章	特別支援教育への新たな取組み	安藤壽子	（NPO法人らんふぁんぷらざ理事長・元お茶の水女子大学特任教授）
第10章	メッセージ：新たな学校づくりに向けて	岩瀨正司	（公益財団法人全国修学旅行研究協会理事長・元全日本中学校長会会長）
		若井彌一	（京都光華女子大学副学長）

●一人一人の学びの質をどう高め、豊かにしていくか。多角的に解説

第2巻　「深く学ぶ」子供を育てる学級づくり・授業づくり

第1章	新学習指導要領が求める子供像	奥村高明	（聖徳大学教授）
第2章	中央教育審議会答申と授業づくりの課題	髙木展郎	（横浜国立大学名誉教授）
第3章	「深い学び」を実現する授業づくりの技法	田中博之	（早稲田大学教職大学院教授）
第4章	「社会に開かれた教育課程」を実現する単元構想	藤本勇二	（武庫川女子大学講師）
第5章	授業改善につなぐ学習評価の在り方	佐藤　真	（関西学院大学教授）
第6章	次代を創る資質・能力の育成と道徳教育・道徳科	貝塚茂樹	（武蔵野大学教授）
第7章	次代を創る資質・能力の育成と特別活動	杉田　洋	（國學院大学教授）
第8章	学校図書館の機能を生かした学習活動や読書活動の充実	佐藤正志	（元白梅学園大学教授・日本学校図書館学会副会長）
第9章	教育課程の基盤をつくる学級経営	宮川八岐	（城西国際大学非常勤講師）
第10章	新教育課程と一体的に取り組む生徒指導・教育相談	嶋﨑政男	（神田外語大学客員教授）
第11章	メッセージ：これからの授業づくりに向けて	髙階玲治	（教育創造研究センター所長）
		向山行雄	（帝京大学教職大学院教授）

●次代の学校を担う教師集団とは。力量形成のポイントを提示

第3巻　新教育課程とこれからの研究・研修

第1章	新学習指導要領で変わる校内研究・研修	村川雅弘	（甲南女子大学教授）
第2章	カリキュラム・マネジメントの研究・研修と実践課題	吉冨芳正	（明星大学教授）
第3章	資質・能力の育成を実現する単元構想の追究	奈須正裕	（上智大学教授）
第4章	「主体的・対話的で深い学び」を実現する授業研究	藤川大祐	（千葉大学教授）
第5章	新教育課程の軸となる言語能力の育成と言語活動の追究	田中孝一	（川村学園女子大学教授）
第6章	「考え、議論する道徳」指導と評価の工夫の追究	林　泰成	（上越教育大学教授）
第7章	9年間を見通した外国語活動・外国語科 ――カリキュラムと学習活動の工夫の追究――	菅　正隆	（大阪樟蔭女子大学教授）
第8章	「資質・能力」の育成を見取る評価方法の追究	西岡加名恵	（京都大学大学院教授）
第9章	アクティブな校内研修への転換	野口　徹	（山形大学准教授）
第10章	メッセージ：新教育課程に挑む教師たちに向けて	新谷喜之	（秩父市教育委員会教育長）
		古川聖登	（独立行政法人教職員支援機構事業部長（併）次世代型教育推進センター副センター長）

＊職名は執筆時現在です。

●お問い合わせ・お申し込み先
㈱ぎょうせい
〒136-8575　東京都江東区新木場1-18-11
TEL：0120-953-431／FAX：0120-953-495
URL：https://gyosei.jp

特別寄稿

実践報告
子どもたちと地球と宮古島の出会いの物語——ウニの海を取り戻せ！
子ども自身の「学びの履歴」を明らかにし、自尊感情の形成を

本論考は「授業つくりの検証」である。私の主な観点は次の３点である。

- 「子どもは時間が一つではない」・「子供と大人の時間は長さが異なる」
- 表現手段の言語はある種の「あいまいさ」がある。

〈授業つくり・分析には新たな言語認識、授業をどうとらえ、授業をどうみとるか〉

私は今まで小学校教師として、20000回を越える授業をしてきた。授業は９割が学習素材の研究で、これは授業ぎりぎりまで続けられる。従来型の予定調和型の授業には戸惑いを感じてきた。そこには子どものゾクゾク、ワクワクの授業ではない。私自身、授業で満足するような授業は数えるほどである。誤解を恐れず言えば授業における沈黙、ぎくしゃく感、これこそが新たな子どもの可能性がある。ではぎくしゃく感とは何か、それは授業における教師と子どもの関係にある。私たちは子どもを平面的に捉えてきたのではないだろうか。それは何か、言語認識から考えてみたい。

「人は子どもというものを知らない。大人が知らなければならないことに熱中し、子どもには何が学べるかを考えない。かれらは子ども時代に大人世界を求め、大人になる前に子どもがどういう存在かを考えない。なによりもあなたがたの生徒をもっとよく研究することだ。」　　　（ルソー『エミール』部分要約）

I　試論「迫られる伝統的子ども観、子どもの言語観」再考

「子ども中心の教育実践」総括
「善元教育実践」における「時間と感覚」の揺らぎ
■子どもの言語観
- 子どもが生まれ、現在までを「言語と感覚」の視点で考察する。

「子どもの時間認識」は多様で「立体的」である。子どもが有する時間は一つではない。時間はパラレルに複数存在する。つまり子どもは現在、過去、そして未来の時間を等質に思考できるのではないか？

このことは授業づくり、分析に深く影響を及ぼす。私はこの視点で今までの私の授業実践を根本的に分析することにした。そのためにしなければならないこと、それは「言語認識とは何か」から更なる分析をしなくてはならない。

その１「言語と時間」〈子どもの発問と教師のずれ〉
１）教師から見たとき、授業の中である子どもの意見が全体の場からかけ離れているように見え、ときにはその意見が全体の授業の展開を妨げるように見えることがある。
２）そのとき、教師はその考えを取り入れず、授業を進め、そのときの歯がゆさが残ることがある。
　＊子どもの認識は多様で言語化するにも子ども一人ひとりの時間がある。
【補足１】

その２「言語と感覚」〈忖度する子ども〉
１）感覚は個の時間の流れの中で存在するが、言語は感覚をはぎ取る行為。感覚と言語は必ずしも一致しない。さらに会話は相互間のずれが生じる。つまり個の意見表明は感覚と言語の不一致を前提に「相互理解」がなされる。
　感覚（反射）は意思が存在しない。感覚は言語化するときにはじめて意思が存在する。
【補足２】「とある歯医者」のよくある出来事

その３「言語と現在」〈言語生活の普遍的な事象〉
１）現在を言語側面で考察したとき、言語は過去と未来は表現できるが現在は表現できない。

善元幸夫
東京学芸大学非常勤

　過去や未来事象は言語化できるが、「今の感覚」は存在するが、「今」は言語化すると、それは時間の「ずれ」により過去を表現しているに過ぎない。
　＊従来、授業を現在との平面で構築したが、授業、授業分析を立体的に思考してみる

その４「言語と記憶」私は考える〈人間とは何か、ヒトの記憶とは何か〉
１）同じ体験をしてもその記憶は一様ではない。授業は授業者としての教師と学習者としての子どもは、異なる思いが存在する。授業における教師のねらいとは何であろうか。また教師のねらいに基づく評価は子どもにとってどんな意味があるのであろうか。
例）宮古実施の年１回、６年間でたったの６回授業、私は１年前の授業内容を覚えていた子どもに非常に驚かされた。記憶は時間の長さだけでは計測できない
　６年目に行った子ども（中３の生徒）の感想は、私が意図したねらいをはるかに越えて、実に多様であり様々な考えが残った。
　＊2010年から３年間、年１回のベトナムの小学校で行った授業も同じことを感じた。
２）人の記憶とはどう形成されるのか、記憶は映像として残る。しかし長い時間の中で記憶は概念として残るのではないであろうか。
　〈私の体験と目の前の子どもたちとは映像を共有しているのか、それとも私の錯覚なのか！〉
　例　私は５歳のとき、大きな蛇を見て驚いて逃げる途中石につまずき、けがをした。
　（果たしてこの記憶は映像であるのか、概念なのか）
３）動物は夢を見るのか、動物は「笑う」のか、それらは人だけの行為なのであろうか。
　動物の夢は映像なのか、概念なのか。

【補足１】沈黙は「無」感覚ではないことが往々にしてある。沈黙には重要な感覚の葛藤である。
【補足２】言語は感覚と一致せず、ときには言語化の際に「感覚と整合性しない"嘘"」をつくことが往々にしてある。この認識こそが授業には重要である。
　「とある歯医者」のよくある出来事〈患者Ａは医師・看護に手術の継続を考え、「痛くない」と言う〉
　患者Ａと医師Ｂ・看護婦Ｃの関係（歯の治療で部分麻酔時の関係）
　患者Ａは歯の治療中ＢとＣとの会話

Ｂ「痛いですか？」
Ａ「…大丈夫です」
Ａ「どうしようか？」
Ｃ「大丈夫みたい」
Ｂ「続けよう！」
Ｂ「Ａさん、それでは手術を続けますよ」

［解説］
・ＢとＡは「敬体」＊Ａは感覚として「痛い」のだが手術続行を願い「大丈夫です」という。
・ＣとＡは「常体、いわゆるため口」
　＊ＣとＡは手術について本音で話す。
　＊「痛い」感覚だが、「大丈夫」は痛くても先を予知し「大丈夫（痛くない）」という場合もある。

ルソーの遺言（子どもの側から授業を考える）
①NHKの調査（2019・5・30）で「登校しても教室に入れない」「教室で苦痛に耐えているだけ」という、"隠れ不登校"の中学生が推計で約33万人、不登校が約11万人、計44万人、中学生の約24％に不登校傾向ということが判明し教育界に激震が走った。クラスの７人に１人が「不登校傾向」であるという実態である。

② 不登校児童数（不登校の概念により、実態的に学びから遠ざけられていた子ども）

調査では1万8000人を「不登校群」「不登校傾向群」「その他」と区分、不登校傾向群は「教室外／部分登校」と「仮面登校」に大別。前者は「保健室など別室登校の子ども」が該当、「教室にいるが学校へ行きたくないとほぼ毎日考える子ども」は後者。両者は類似している。

③ 教師と子どもの視点のずれ（2つの分析（日本財団調査2018年・NHK調査2019年））

・日本財団の調査

「不登校傾向」は中学生6500人対象にインターネット調査結果発表。「不登校傾向」中学生は10.2%との結果、全中学生の約33万人が「不登校傾向」と推計。

・NHK調査

「不登校傾向」中学生割合は23.6%、全中学生の約74万人。

＊両調査も「隠れ不登校」と捉え、これに「不登校」を加え中学生の44万人から85万人が「不登校」「不登校傾向」と推計（「不登校新聞」（2019/05/29）東京編集局・石井志昂）。

しかし、2つの調査方法は分析が全く異なる！

NHKの調査の情報源は、2018年文科省の「年間30日以上欠席の「不登校」中学生は全国に約10万人。これは毎年調査は教育委員会が教師対象に実施、それに対して日本財団の不登校問題調査は子ども自身の調査（中学生12〜15歳6500人）を対象に実施したものである。子どもと教師のずれ、それは次の資料で明瞭になる。子どもの考えている「不登校」とはかなりの落差がある。

Ⅱ 授業をふりかえる

「立体的授業観」（多田孝志の概念）から授業を考える

初めに子どもの思いがあった！

(1) 授業案　2018年子どもたちと地球と宮古島の出会いの物語―ウニの海を取り戻せ！―

> 私は2011年からは琉球大学で講義をしつつ、「アジアの視点」沖縄戦の聞き取りをしてきた。宮古島での聞き取りが、この小・中の授業のきっかけとなった。授業構想は3年前の中学生3年の感想からはじまる。
>
> > 「私は宮古だなんて田舎で、何もなくてつまらない所だと思っていましたが、何もない所に多くが詰まっていることを、授業を通して知り、遺跡を巡ったりしました。何もない宮古島でなく『魅力が隠されている宮古島』と思えるようになりました。これから過疎化が進み3万人台になるらしいのですが、私が大人になったら、またこの島に戻ってきて、この隠された魅力を多くの人に伝える仕事をしたいです」
> > （善元の6年間の最後の特別授業感想2015・7　久松中3年生）

『魅力が隠されている宮古島』とは何か、

それが今回の「地域のかかわり」の授業で、学習素材検討で当初計画の「ウニ復活の問題解決型授業」を考え授業つくりを始めた。はたして私たちには解答があるのだろうか！

授業は一回きりのライブなのである。では立体的

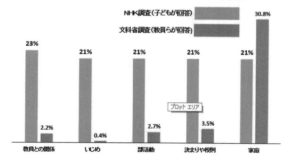

資料　NHKと文科省の驚愕すべき〈調査格差〉不登校新聞
2019/05/29

[資料]

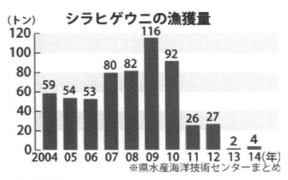

宮古人口　2017年5月1日現在53,946人　男26,916人　女27,030人　世帯数26,100戸

授業つくりで「授業」を再構成したい。

（2）多様な授業構想

　私にとって従来の授業は「ウニ回復5年計画」で終了していた。しかし、子どもは「複数の時間軸」を有するならば、現実を飛び越え、100年後、1000年後という視点での授業が可能ではないだろうか。概して言えば従来の授業は以下の授業構想から、次のような3つの段階に分けた授業構想が浮かんだ。

第1未来　ウニ回復5年計画
　　久松中学校1年　総合学習「問題解決学習」
- 宮古市町村漁業組合（生活権と職業）
- 沖縄沿岸域の総合的な利活用推進事業（沖縄県農林水産部水産課）
- 番外編　ウニ（生物）はヒトのために存在するのではない

第2未来　ウニ100年問題
- 気象庁にきいてみた？（持続可能な社会）
- 地球環境（温暖化）とウニの行方第2案　海の酸性化（甲殻類の危機）

第3未来　地球1000年問題
　宗教と科学者の対話（ダライラマと米沢富美子・日本物理学会会長）
　未来はわからないことで満ちあふれている

結論　授業の大転換ー「時間」のスケールから未来の学びを問い直すー

「問題解決学習」から「問題発見学習」へ

Ⅲ　検証　大きく変わる授業つくりの基本構想

（1）従来の授業分析

　全国の学校校内研修会は、ほぼ研究のテーマ、仮説を立て、研究授業を通して検証する。
　校内研では学習指導案を通しての授業分析。従来は「教師の指導案」研究が中心になる。それに対して「子どもを中心に据えた授業」の指導案研究はもっぱら子どもの学びを基に、授業研究。私は、従来の授業研究で教師の研究が何か現実から遊離しているのを感じることがある。全国的規模の研究授業になればなるほど、指導案作成の手続き上、およそ3か月前にできる。教師だけが授業研究が先行していく。

[資料Ⅰ]

1）海洋酸性化　人間海洋酸性化とは（気象庁）〈第2未来〉

　人間の活動により排出の二酸化炭素は、地球温暖化の主要な温室効果ガスである。地球温暖化は海水温や海面水位の上昇を起こし、海洋環境にも影響を及ぼす。近年、大気放出の二酸化炭素を海洋吸収で引き起こされる問題が「海洋酸性化」。海洋酸性化は、多くの海洋生態系に深刻な影響を及ぼす怖れが

ある。植物プランクトン、貝類、ウニなど棘皮動物など、海の生物は水に溶けにくい炭酸カルシウムの骨格や殻を作る。現在の海面付近で、生物は骨格などを作れるが、海洋酸性化は殻形成が困難な環境となる。海洋酸性化進行で食物連鎖の下位植物プランクトンや動物プランクトンは繁殖しにくい環境で、上位生物にも影響の可能性がある。

2）多様な視点（物理学は世界をどうとらえているのか 真理の限界〈第3未来〉

また米沢富美子氏は2012年11月6日に行われた「ダライ・ラマ法王と科学者の対話」でこう述べている。

「あいまいさの話のまとめ」
科学の限界ではなく、真理の姿です。先行き不透明というと何か嫌な感じがするが、先の見えない世の中とは当たり前なので、先が見えたら逆に怖いです。
だから、あいまいさがあっても、「先が見えない＝希望がない世の中」と思うのはまちがいです。先が見えなくて当然です。先まで決まっていたらつまらない。あいまいに不自由を感じず当たり前と思って生きる。あいまいを前進の武器として生きる、これが私からのメッセージです。あきらめなければ何でもできるし、現在、今の日本が自分の未来を創ることを考えて進んでいきたい。

[資料] 2015年の授業
「立体的な関わり」の視点からの授業分析　2015年の授業を多田の視点で分析。
＊多田のいう立体的とは「時間軸（歴史）」「空間軸（上下を逆にすると異なる空間になる）」である。

「18歳になる未来のもう一人の私へ」―宮古は日本の中心、そして宮古は世界の中心―
国際化の現代、地域・地方の視点（ローカル・アイデンティティ）を確立。
1）グローカルの視点で授業を創る
①自尊感情をつくる〈その1〉
逆さ沖縄地図「宮古は日本の中心、そして宮古は世界の中心」

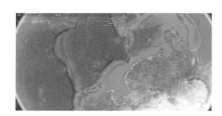

沖縄を地図の真ん中にすると、アジア、世界が見える。「沖縄を中心とした地域史」を意識し、国家志向枠から解放された発想である。
②自尊感情をつくる〈その2〉
海人の誇り　東アジアの中継貿易・沖縄
「かつて沖縄は中継ぎ貿易として東アジア交易中心地として栄え、グローバル化の現代、沖縄はそれに対し期待も大きく、今後、大きな未来が秘められている」
（2015年「授業ねらい」）

Ⅳ　授業感想

(1) 分析の視点―6年間の学びの中で獲得した子どもたちの感想は実に多様

授業は一人ひとり受けとり方が異なる。「教師のねらい」をはるかに越えて、一人一人の「学びの履歴」は異なる。それぞれの学びである。これこそが私たちのめざす現時点の究極「学力」である。

[多様な子どもたちの感想を分類]
1　今日の授業で学んだ事（文略）
・「宮古は日本の中心そして、宮古は世界の中心」（5人）
・宮古の将来のために大事なこと、考えないといけないこと
・二十歳の自分に何を残すか、未来に何を残すか
・宮古がなぜ世界の中心か、沖縄は世界各国とつながりがあった
2　善元先生が私にくれたもの
1）知識
・知識を楽しんで、いろんなことを教えてもらった（5人）

● Profile

よしもと・ゆきお　1950年生まれ。埼玉県出身。1973年東京学芸大学卒業後、中国や韓国から日本に戻ってきた子どもたちのための日本語学級（江戸川区立葛西西小学校）に勤務。様々な総合学習の授業をつくりながら、外国の子どもたちが日本の社会の溶け込めるよう新宿区立大久保小学校の日本語国際学級の担任になる。現在、国際協力論、日本語教育、生涯学習など担当。「外国にルーツを持つ子どもたち」や「総合学習」に関する論考、『ぼくいいものいっぱい』（こどもの未来社）『教師は今何をすべきか』（小学館）など著書多数

- 宮古のほこりと豊かな知識（9人）
- 普段あるものをでも深く考えられるようになった
- 自分の住む宮古のすばらしさはどこからきて、現在どのように生かされ、これをどう将来に（未来）につなげていくのか（4人）
- 授業（学校）では教わらないような深ーい、濃ーい知識（2人）

2）文化の成り立ちや宮古について
- 将来の宮古の美しい海、受け継ぐ夢（6人）
- 「マンゴーの道」「貝の道」（中国のお金）（2人）
- 津波や戦争のことを深く学んだ（4人）
- 漢字の成り立ち（4人）
- どんなささいな事や古いこと昔のことについて疑問に思う必要さ
  いろいろな知識や昔あったことを想像する力
- 世界の広さやおもしろさをいただいた

3）心
- 自然や環境を大切にする心（4人）
- 忘れかけていた宮古を愛する心
- 「好き心」を大切にしたい
- 自然を大切に、美しさを残す心（2人）
- 沖縄の伝統を大事にする心
- 周りの人を大切にする気持ち

4）差別
- 差別せずみんな同じ人間だから協力して生きていく
- ジョン・レノンの「イマジン」世界中の人が平和の思いをもったら……
- 一番の印象は「イマジン」、想像するだけでその人の価値観や考えが変わる

V　結び

授業の大転換—「時間」のスケールから未来の学びを問い直す—

(1)「問題解決学習」から「問題発見学習」へ

　私は授業終了後、「燃え尽きる（BURN OUT 疲れ果てる、燃え尽きる）」ということがこの40年間の授業でほんの数回しかない。思い浮かぶのは「あしたのジョー」最後の場面である。言語について考察して、日々実践されている伝統的授業を分析してみた。これには私は子どもを中心に据えてということを考えていたもの、ときには後悔の連続であった。あのときこうすればよかったとか！　そのことは今考えると授業における子どもとの対話である。多田はそのことを「対話・沈黙」という概念を使用、沈黙と思考とのかかわり」について重要な提起を行っている。

(2)「授業における楽しさとは」について

　再び「あしたのジョー」（1968年1月～1973年5月）に戻る。リングのコーナーに座ったジョーが微笑む姿、そして最後のセリフ「燃え尽きたぜ…真っ白にな…」。ジョーは世界タイトルマッチ15回戦を戦い抜き、リングサイドにいた白木葉子にグローブを渡す。試合は判定負けではあったが、ジョーは「まっ白な灰」となって四角いリングの中で微笑んでいたまま……。このシーンを描き終えた後、ちばてつやは、それこそジョーのように『真っ白に燃え尽きた』ような感覚に陥り、しばらくの間ジョーが全く描けなくなったという。その後ジョーがどうなったかは不明。2015年9月、スポニチの取材に、ちばてつやは「真っ白」に込めた思いを次のように語った。

> 「真っ白になるまで頑張れば…　新しい明日が来ると、若い人に伝えたかった。
> いい加減な仕事をしていては明日は来ない。
> やろうと決めたことに全力投球してほしい。
> そうすれば、きっと自分の中に何かが残る。次の何かに頑張るとき、生きるものがある！」

　授業は「一度だけの生ライブ、同じ授業は2回できない」。今でもこう考えている。『魅力が隠されている宮古島』とは何か、それが今回の「地域のかかわり」の授業で、学習素材検討で当初計画の「ウニ復活の問題解決型授業」から「問題発見型の授業提案」に進化させた。私は燃えつきるような授業に、これからもチャレンジしていきたい。

ONE THEME FORUM
ワンテーマ・フォーラム

現場で考えるこれからの教育

■今月のテーマ■

外国語（活動）──うまみと泣きどころ

新学習指導要領の全面実施が迫り、移行措置期も残りあとわずか。
外国語では、小学校中学年における外国語活動の新設、高学年での外国語科の実施により、
授業時数の確保はもとより、教師の英語力・指導力向上や、授業研究、評価の工夫まで、
学校現場では多岐にわたる課題に直面しています。
今、外国語に携わる先生方は何に悩み、どう取り組もうとしているのでしょうか。
今月は、「外国語（活動）──うまみと泣きどころ」をテーマに、菅正隆・大阪樟蔭女子大学教授をお迎えし、
外国語ならではの悩みや課題、そしてやりがいについて語ってもらいました。

■ご登壇者■

仙台市立栗生小学校長	熊谷　礼子	先生
岡山県笠岡市立大井小学校教諭	岡野有美子	先生
和歌山県和歌山市立東山東小学校教諭	三谷　崇浩	先生
徳島県美馬市立脇町中学校教諭	福田　恵	先生
大阪樟蔭女子大学教授	菅　正隆	先生

ONE THEME FORUM
ワンテーマ・フォーラム
外国語（活動）―うまみと泣きどころ

チーム栗生で進める「外国語科の授業」
「気付き」につながる素地・基礎を目指してステップアップ！

仙台市立栗生小学校長　熊谷礼子

　本校では、校内研究が算数から外国語活動へと大きく舵を切りました。外国語活動の教科化を視野に入れ、先生方は研修の必要性を感じています。学年部ごとに研究を進める体制を作り、低・中・高の各学年から研究授業を提案し、学び合いながら指導者の力量を高められるようにしました。4学年は全担任で指導過程を検討し、1人が先行授業を行いました。そこでの課題を修正し、研究授業の指導過程を練り直しました。小学校は何度も同じ授業をすることができません。そこで、先行授業と研究授業の間に先生方が児童役になり、修正した指導過程を基に模擬授業を行います。課題と成果を共有し、課題に関しては指摘して終わりではなく可能な限り代案を示します。例えば、児童同士のやり取りを増やすために導入の活動を短くするなどです。専門ではない英語の授業を皆で検討し創り上げる過程で連帯感も生まれます。

　先日、6学年の担任が教室英語を駆使し外国語活動の授業に挑戦しました。ねらいを確認する場面では、「登山に例えるなら本時は3合目まで登る」というイラストで児童に見通しを持たせていました。このアイディアは外国語活動担当者が研修で学んだ内容を授業者にアドバイスしたものです。担当として常にアンテナを高くし、授業に役立ちそうな活動を次々と担任に提案しており、その姿にいつも感心させられます。担任は様々なアイディアを取り入れながら児童が興味を持ちそうな活動を考えます。OJTを通して指導過程がどんどん更新され、一つの作品のごとく授業の内容が高まります。その過程はまさしく小学校文化のなせる技、チームで取り組む醍醐味です。

　その一方で、45分間を通して「外国語の授業」と感じられる活動であるための工夫とスキルアップが今後望まれます。単に、英語を聞かせたり、話させたりすることだけを目的とするのではなく、児童が振り返りで、英語、英語と日本語、友達のこと等について、何かしら気付く授業であってほしいと願います。また、個々の授業が、英語の発音、リズム、抑揚などについて、「知らず知らず」に意識が高まり、気付きにつながる素地・基礎になることを目指したいものです。

　外国語活動は児童を英語と出会わせる場にもなります。初等教育の専門家で、英語の免許をお持ちの先生方、今こそ出番です。英語への憧れや矜持を思い出し、授業が「外国語の授業」らしく展開されるような秘策を一緒に考えていきましょう。

　世界英語が注目を浴びる今、英語のブラッシュアップがてら、気軽にALTと会話したり国際交流会で英語を使ってみたりするのも一つです。子供たちは柔軟です。場面が整うと授業で慣れ親しんだ表現をゲーム感覚で上手に使います。廊下ですれ違うたびに元気にhello!と声を掛けてくる児童もいます。我々教師が英語というツールを使って、はつらつとした明るさや挑戦する勇気を態度で示していきたいと考えます。

ONE THEME FORUM
ワンテーマ・フォーラム
外国語（活動）―うまみと泣きどころ

学級担任と共につくる外国語活動を目指して

岡山県笠岡市立大井小学校教諭　岡野有美子

　小学校高学年に「外国語活動」が導入されてから、10年が経とうとしています。コミュニケーションの素地を育成することを目標としたこれまでの「外国語活動」は、私にとって学級経営の要でした。目の前の子供たちの様子を捉えながら、子供たちが互いに関わり合ったり、互いのよさや違いを認め合ったりしながら、学び合う学習活動を展開することを目指してきました。

　新学習指導要領でも中学年の「外国語活動」の目標の理念は同じだと考えます。一方で、育成を目指す資質・能力が具体的に示され、高学年の「外国語科」、さらには中学校での「外国語科」と、一貫性のある指導が求められるようになりました。これまで以上に、ねらいを明確にした授業づくり、既習事項を活用する授業づくりが必要になると考えています。

　そのような中、今年度、私は英語専科教員として外国語教育に携わることになりました。中学年の「外国語活動」を視野に入れ、低学年の年間指導計画を再構成して学びの系統性を意識したり、既習事項を活用して授業を進めたりするなど、全学年の指導に当たることができる強みを生かした授業づくりができるよう試行錯誤を重ねています。

　一方で、これまで自分が大切にしてきた、「児童の実態に即した授業づくり」「学級経営の中に外国語教育をどう位置付けるか」という点に関しては、実践の難しさを感じています。私は市内2校の兼務ですが、子供たちの実態が学級担任のときのようには把握できません。目の前の子供たちをどう育てるのかを念頭に置いた単元を構想したい、子供たちの実態に即した言語活動を設定したい、と考えてはいますが、自分一人の力ではどうにもならないのです。

　子供の育ちは全ての教育活動に支えられています。外国語も他教科同様、子供の実態を捉え、学校として目指す子供の姿に向かうことができるような授業づくりをしていく必要があると考えています。そのためには、やはり学級担任の力が不可欠です。限られた時間の中で、授業づくりに対する十分な対話ができないもどかしさを痛感する毎日ですが、何とか学級担任と関わり、共に授業をつくっていきたいと思っています。

　学校教育目標の達成に向けたカリキュラム・マネジメントの考え方も広がり、教科横断的な指導の視点や目指す子供の姿に基づく授業づくりについて議論されることも増えてきました。学校としてどんな子供を育てるのか、そこに外国語指導者としてどのようにアプローチしていくのかを問い続けながら、学級担任と共に力を付けていく教員でありたいと思っています。

ONE THEME FORUM
ワンテーマ・フォーラム
外国語（活動）―うまみと泣きどころ

Let's try English!!
子供たちのおもいを叶える外国語へ

和歌山県和歌山市立東山東小学校教諭　三谷崇浩

　来年度より新学習指導要領が全面実施され、5・6年生の「外国語活動」は教科「外国語」となります。外国語では、これまでの「聞く」「話す」に加え、「読む」「書く」が加わり4技能を使った言語活動が行われることになります。また、語彙数も600～700語になり、扱う表現が難しくなる等、外国語に不安を感じている先生方は数多くいるのではないでしょうか。そうした中、私たち教員は学習する語彙や表現をどう扱い、子供たちが楽しみながら学べる学習の展開とするかを考えていかなければなりません。

　それを考えていく上で重要なキーワードは、これまで外国語活動で培ってきたことと何ら変わりない「必然性」をいかに子供たちにもたせるかであります。授業の中で子供たちが「聞きたい」「話したい」「読みたい」「書きたい」「知りたい」というおもいをもてるように、学習を進める工夫が必要となります。このおもいが子供たちにとっての必然性となり、そのおもいによって学習意欲は大きく向上し、自ら進んで英語を使おうとする姿勢、困っている友達と協力して学習するという自学の姿へと変化していきます。そうなれば、数多い語彙数も難しい表現も進んで使い、楽しみながら内容の理解へと進んでいくようになります。そのためには、これまで以上に「聞く」活動が重要になってきます。子供たちが十分英語を聞き慣れているからこそ、わかる、話せる、書きたくなる、読みたくなるという正のスパイラルが生み出され、子供たちのやる気が満ち溢れていきます。反対に聞き慣れていない言葉では、わからないからやる気の喪失が起こり、英語嫌いへと子供たちを歩ませる負のスパイラルに陥ってしまいます。実際、子供たちの声からもそうした実態を実感されている先生方も多いのではないでしょうか。また、負のスパイラルに陥ってしまった子を正のスパイラルに導くことは、並大抵のことではありません。

　取り扱う内容が難しくなる外国語でありますが、外国語だからこそ、より育てられる子供の姿があります。外国語では新学習指導要領が示す資質・能力の三つの柱の一つである「学びに向かう力、人間性等」をより自然に、豊かに育むことができる特性があると感じています。

　話を聞き取りたい、伝えたい、英語を書きたい、読みたいと子供たちが感じる外国語であればこそ、協力や自学が進んでいきます。それらの活動によって、お互いに相手の伝えたいことを理解し合おうとする心に「必然性」が生まれ、その「必然性」が子供たちをさらに成長させていきます。そうした外国語に携われる私たちは幸せであると思いますし、さらに子供たちが成長できるための実践を深めていきたいと思える原動力となり、教員も成長を続けていけるものとなります。

　まだまだ、未熟な私です。皆様の実践や考えを教えていただけたら幸いです。

ONE THEME FORUM
ワンテーマ・フォーラム
外国語（活動）―うまみと泣きどころ

「主体的・対話的で深い学び」をめざした授業づくりと集団づくり

徳島県美馬市立脇町中学校教諭　福田　恵

　平成29年3月に中学校学習指導要領が改訂され、週4時間の授業時数は変わらないにもかかわらず、指導語彙数は1200語から最大2500語と倍増し、文法事項も仮定法や現在完了進行形を含むなど高度化されました。また、思考力・判断力・表現力等の育成のために「主体的・対話的で深い学び」の指導が求められることとなり、授業づくりや評価方法にも様々な課題が生じてきました。

　以前から、単語が覚えられない・読めない・書けない・語順がわからない、といったことが、生徒の英語学習への負担感や苦手意識を増大させていましたが、それに加え、特別な支援や配慮を要する生徒の増加にどのように対応し、限られた時間の中で学びの充実を図り、どのように学力を向上させていくかが高いハードルとなっています。

　そこで、生徒の学習意欲を高め、学びに向かう集団づくりと学力を向上させる授業づくりを二つの柱とし、「聞くこと」「話すこと」「読むこと」「書くこと」の技能統合型の言語活動からコミュニケーション能力の向上と、相互理解を深め仲間同士から学び合い認め合いのできる安心な教室環境づくりを行っています。

　例えば、「主体的・対話的で深い学び」のために、「話すこと（発表）」と「話すこと（やり取り）」を統合した言語活動を行うには、常日頃から生徒が主体的に関心のあるテーマを選び、生徒のもつ知識や学習・生活における経験を最大限に活用して口頭で説明する活動を行っています。また、教師と生徒、生徒同士の身近で簡単な事柄のQ&Aなどを毎回授業の最初に帯活動として行い、即興的に話す力を積み重ねています。1年生であれば自己紹介や他者紹介のスピーチを発表した後、その内容についての感想や意見、Q&Aを生徒が主体的に即興で行っています。このとき、友達の発表を聞いて自分と同じもの（人）が好きであるとか、自分と同じ考えであったり違ったりなどの気付きを通して相互理解が深まります。

　コミュニケーション能力はコミュニケーションの経験でしか身に付きません。心を動かし、聞きたい・伝えたいという意欲が生徒のコミュニケーションを行う喜びを深め、主体的・対話的で深い学びにつながっていくのです。昨年度末に、あるクラス担任が「この一年で一番心に残った出来事に、多くの生徒がスピーチコンテストを挙げていました。その理由として、知っていると思っていた友達の知らなかったことが知れてとてもよかったと書いていました。お互いを知ることで心の距離を縮め、意見や思いを伝えやすくしているのですね。英語のスピーチにこんな威力があるとは驚きです」と報告してくれました。

　生徒は授業の中で新しい知識や経験を増やし、コミュニケーションを通して仲間を知り自分を知り、学びの価値を体感し学習意欲を高めます。他律ではなく自律した学習者になっていく生徒を見ながら、教師としての誇りややりがいを感じています。

ONE THEME FORUM
ワンテーマ・フォーラム
外国語（活動）―うまみと泣きどころ

教育の現状と外国語教育のこれから
小中学校を俯瞰して

大阪樟蔭女子大学教授　菅　正隆

　英語教育を論ずる前に、全国を見渡すと、日本の教育全体がゆがみ始め、取り返しのつかない状態にさしかかっているように感じる。

　例えば、教員希望者が激減し、教員採用試験の競争率が1倍強の都道府県も存在する。「名前を書いたら教師になれる」と揶揄する声も聞こえる。これが、教員の質の低下を招き、ひいては教育力の低下、そして、それが様々な社会不安につながる。これは、マスコミ等による教育現場に対する過大なるブラック化報道によるものでもある。

　また、世の中「働き方改革」の御旗の元、ルールだけが学校に押しつけられ、先生方はその狭間で以前と変わらない仕事をこなしている。根本的に仕事をスクラップしないと、働き方改革にはならない。大阪府南部のT市では、働き方改革の要員として配置された外国語専科教員に対して、教育委員会の指導主事が「担任には何もさせないで、教員のレベルアップを図ってほしい。そして、市の英語教育を盛り上げてレベルアップさせてほしい」と言った。この言葉は絶望的である。これは教育委員会の仕事であり、矛盾きわまりない。先ほど述べたとおり、教員の質の低下以上に、指導主事の能力も地に落ちた感がある。

　しかし、そう言ってばかりではいけない。子供たちが目の前にいる。その子供たちにいかに外国語教育を通して、生きる力を育てていくかである。

　小学校に外国語活動が導入されて、多忙感や嫌悪感を抱いている教員は多い。これで効果が無いとなれば、導入を推し進めた私の責任でもある。しかし、ものは考えようである。私の経験から、授業を変えることが真の働き方改革につながる。学年ごとに見ていこう。

○小学校中学年「"Let's Try!" 使用」

- テキスト全ての単元を教えることを止める。子供たちが興味・関心のある単元や教員が教えやすい単元に絞り、その中で、楽しく英語に触れたり、音声に慣れ親しんだり、人前でも恥ずかしがらずに英語を話す子供たちを育てるために手作りの教材を使う。

○小学校高学年「教科書使用」

- 来年度から使用される教科書は、"We Can!"よりも良くできているが、余分な内容も多い。まずは、余分な内容やつまらない活動を切り落として、スリム化を図る。年間70時間では無駄な内容が多すぎる。それを減らしたカリキュラムを作成する。

○中学校「教科書使用」

- 中学校で再来年度から使用される教科書は難度が高く、つまずく生徒が多くなる。それを減らすためには、小学校で培われたアウトプット主体の授業に転換することである。「話す」「書く」を入学当初から躾けると後々指導が楽になる。また、アクティブ・ラーニングを活用した授業に転換できると、授業も楽しく楽になる。

全面実施まであとわずか！

新学習指導要領を「実践」につなぐ授業づくりの必備シリーズ

平成29年改訂 小学校教育課程実践講座 全14巻

A5判・各巻220頁程度・本文2色刷り

各巻定価 （本体1,800円+税）　各巻送料300円
セット定価（本体25,200円+税）　セット送料サービス

【巻構成】
- 総則
- 国語
- 社会
- 算数
- 理科
- 生活
- 音楽
- 図画工作
- 家庭
- 体育
- 外国語活動・外国語
- 特別の教科 道徳
- 総合的な学習の時間
- 特別活動

平成29年改訂 中学校教育課程実践講座 全13巻

A5判・各巻220頁程度・本文2色刷り

各巻定価 （本体1,800円+税）　各巻送料300円
セット定価（本体23,400円+税）　セット送料サービス

【巻構成】
- 総則
- 国語
- 社会
- 数学
- 理科
- 音楽
- 美術
- 保健体育
- 技術・家庭
- 外国語
- 特別の教科 道徳
- 総合的な学習の時間
- 特別活動

ここがポイント！

☐ **信頼・充実の執筆陣！** 教科教育をリードする研究者や気鋭の実践者、改訂に関わった中央教育審議会の教科部会委員、学校管理職、指導主事ら充実のメンバーによる確かな内容です。

☐ **読みやすさ・使いやすさを追求！** 「本文2色刷り」の明るく読みやすい紙面デザインを採用。要所に配した「Q&A」では、知りたい内容に即アプローチしていただけます。

☐ **授業事例や指導案を重点的に！** 「資質・能力の育成」や「主体的・対話的で深い学び」を授業の中でどう実現させるか？ 実践に直結する授業事例や指導案を豊富に紹介します。

好評発売中!

平成29年改訂
小学校教育課程実践講座
外国語活動・外国語

大阪樟蔭女子大学教授　菅　正隆【編著】

A5判・240頁・本文2色刷り　　定価（本体1,800円＋税）送料300円

新学習指導要領完全対応

目次

第1章　外国語活動・外国語の学習指導要領を読む
- 第1節　学習指導要領が目指す新しい外国語活動・外国語の授業—資質・能力ベースでの学びづくり—
- 第2節　学習指導要領が目指す新しい外国語活動・外国語で育てる資質・能力
- 第3節　外国語活動・外国語の主体的・対話的で深い学び
- 第4節　外国語活動・外国語の深い学びを支える「見方・考え方」

第2章　学習指導要領に基づく外国語活動の授業づくりのポイント
- 第1節　外国語活動の目標の新旧対応ポイント—何が変わるのか，何を変えるのか—
- 第2節　資質・能力ベースでの外国語活動の授業づくりの在り方—見方・考え方と教材—
- 第3節　学習指導要領で描く外国語活動の単元づくり
- 第4節　資質・能力ベースでの外国語活動の評価のポイント
- 第5節　事例：学習指導要領が目指す新しい外国語活動の授業

第3章　学習指導要領に基づく外国語の授業づくりのポイント
- 第1節　外国語の授業づくりのポイント
- 第2節　資質・能力ベースでの授業づくりのポイント
- 第3節　学習指導要領で描く外国語の単元づくり
- 第4節　資質・能力ベースでの外国語の評価のポイント
- 第5節　事例：学習指導要領が目指す新しい外国語の授業
  - 指導の留意点／単元指導計画／授業の展開
  1 「聞くこと」を中心に
  2 「読むこと」を中心に
  3 「話すこと［やり取り］」を中心に
  4 「話すこと［発表］」を中心に
  5 「書くこと」を中心に

第4章　外国語活動・外国語の教育課程の在り方
- 第1節　教育課程をどう組むか
- 第2節　外国語活動・外国語のカリキュラム・マネジメント
- 第3節　小学校・中学校・高等学校を通じた外国語活動・外国語の在り方

ここに注目!

- ●「主体的・対話的で深い学び」「見方・考え方」「資質・能力」
  Q&Aで新学習指導要領の疑問が解ける・理解が深まる!
- ●単元計画，学習のプロセスなど，実践例を豊富に収録
  日々の授業研究，授業づくりに即お役立ち!
- ●3・4年「外国語活動」，5・6年「教科・外国語」，中学との接続——
  これからの外国語教育の重要pointがよくわかる!

平成29年改訂
中学校教育課程実践講座
外国語

大阪樟蔭女子大学教授　菅　正隆【編著】

A5判・208頁・本文2色刷り　　定価（本体1,800円＋税）送料300円

新学習指導要領完全対応

小学14巻、中学13巻、全て好評発売中!!
担当教科と「総則」をセットで揃えて頂くのがオススメです!!

【ご注文・お問い合わせ先】
㈱ぎょうせい

フリーコール	0120-953-431	[平日9〜17時]
フリーFAX	0120-953-495	[24時間受付]
Webサイト	https://shop.gyosei.jp	[オンライン販売]

講座 単元を創る [第4回]

見方・考え方を働かせた学習活動

島根県立大学教授
高知県教育委員会事務局学力向上総括専門官
齊藤一弥

■summary■
単元のゴールと見方・考え方の成長を意識しながら、学習活動を組織していくことが大切である。学習活動における思考・判断・表現の一連のプロセスに、資質・能力の育成を支える見方・考え方が位置付いており、これを基軸に据えて単元を創ることが期待されている。

見方・考え方を働かせた学習活動を描く

前号までに、単元づくりの出発点が学習指導要領の解釈にあることを確認した。これにより、教科等指導の目的や価値を基盤に据えて、教科書等を有効に活用した単元づくりを進めていくことができるからである。しかし、その一方で、これではこれまでの内容ベイスの単元づくりと何ら変わらないのではないかという疑問の声も聞こえてくる。新教育課程に基づく単元づくりには、これまでのものに加えて何が求められているであろうか。

今回の改訂では、幼稚園から高等学校までの学びの連続を図るために、目標や内容等の連続性が重視され、見方・考え方の成長と関連させながらグレーデングされた資質・能力が示された。つまり、資質・能力ベイスの単元を創るには、資質・能力を段階的に高めていくための筋道を用意することが必要になる。これまでの連載でも、これからの単元づくりでは見方・考え方を基軸に据えることが大切あることを話題にしたが、その成長過程を意識しながら、いかに三つの柱の資質・能力の育成を目指していくのかが鍵になる。

見方・考え方を働かせた学習活動の具体

高知県四万十市立中村中学校では、各教科等の見方・考え方を基軸に据えた授業づくりに取り組んでいる。

社会科の教科会では、地理の学習における見方・考え方を明確にするとともに、「日本の地域的特色と地域区分」を実践するにあたり、次のような資質・能力（【単元ゴール】）の育成を目指して「30年後の自分の生活の様子を考えてみよう」という単元を貫く学習問題を設定した。

【見方・考え方】
- 地域がもつ共通点や差異から傾向性を見いだし地域区分して捉えること。
- 特定の地域的特色をもつ範囲を一つのまとまりとして、その範囲がもつ働きや他の範囲との関係などを捉えること。

【単元ゴール】
- 「自然環境」「人口」「資源・エネルギー」「交通・通信」の4つの項目について、我が国の特色を捉えている。
- 4つの項目を関連付けたり、どれか一つを取り上げたりして、自分の考えを表現している。
- 資料を基に、将来自分たちが生活していく社会を想像し、これからどうしていかなければならないかを考えていこうとしている。

そして、4つの分野から日本国内の地域間、また世界と日本との共通性や地域的特殊性などについて多面的かつ多角的に考察することを目指した。地元の自治体が作成した「四万十市総合計画」を踏まえて、自分たちの住んでいる街の30年後の様子を予測するとともに、そこに生じていると予想される課題を見いだし、その解決策を検討しよう

とした。

　学習活動を構想するに当たっては、単元（全12時間）を3段階に分けて構成し、生徒が常に見方・考え方を働かせて学び進む展開を用意した。

導入：急速に少子高齢化が進む四万十市の現状を人口ピラミッド（2000年、2020年及び2050年）の変化の様子から見つめ、地域の特徴や将来の姿を予測しながら、想定される課題の解決に向けた取組を選択・判断することを目指す。

中盤：4つの項目に関する資料を読み取ったり比較したりすることで、四万十市の特殊性や同様な課題を抱える地域との共通性を見いだし、将来に想定される課題の発見と自分なりの課題解決方法を考える（図1）。

終末：単元を通しての学びを踏まえて、四万十市の空間的位置や他地域との関わりに着目しながら、温暖化等が与える悪影響、超少子高齢化及び急激な過疎化、4Rの推進、交通インフラ整備等といった社会が抱える課題を考察するとともに、自らが生きていくこれからの社会への関わり方を選択及び判断して、対話を通して自分なりの考えをまとめる（図2）。

　このように、それぞれの段階において単元ゴールと見方・考え方の成長を意識しながら、各時間の学習活動を組織していくことが大切である。また、それぞれの学習活動における思考・判断・表現の一連のプロセスに、資質・能力の育成を支える地理的な見方・考え方が位置付いており、これを基軸に据えて単元を創ることが期待されている。

見方・考え方を働かせた学習活動は「新しいことではない」こと

　しかし、その一方で、教科における見方・考え方をどのように捉えたらよいのか、いかに単元づくりと関連させていくのか等については、今後の実践研究によって検討されていく部分が大きい。

　この見方・考え方は決して新しいものではなく、これまでの授業づくりにおいても、教科の本質を追究する実践においても重視されてきたが、内容ベイスの教育課程においてはそれを明確に位置付け、授業で意図的・計画的に指導されてきたとは言い難い。まずは、見方・考え方の主旨理解とともに教科の学習活動にいかに組織していくかが急務である。また、教科によっては「見方・考え方」が指導方法や教材分析、評価の観点等でそれぞれ固有に使用されており、このような従前のものとの差異を確認することなども必要になる。

　教科の本質を確実に学ぶために、見方・考え方を基盤に据えて単元づくりを進めることは不可欠であり、これが教科指導の土台を支えることになる。

[引用・参考文献]
齊藤一弥・高知県教育委員会編著『新教育課程を活かす能力ベイスの授業づくり』ぎょうせい、2019年

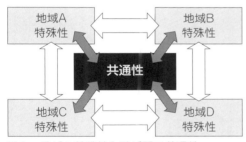

図1　地域の特殊性と地域間の共通性

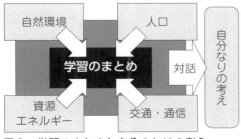

図2　学習のまとめと自分のなりの考え

Profile

さいとう・かずや　横浜国立大学大学院修了。横浜市教育委員会首席指導主事、指導部指導主事室長、横浜市立小学校長を経て、29年度より高知県教育委員会事務局学力向上総括専門官、30年10月より現職。文部科学省中央教育審議会教育課程部会算数・数学ワーキンググループ委員。近著に『新教育課程を活かす能力ベイスの授業づくり』。

連続講座・新しい評価がわかる12章 [第4回]

評価観点「知識・技能」

● POINT ●
評価観点の「知識・技能」は、まず「事実的な知識」に加えて「概念的な理解」も評価の対象である。また、「宣言的知識」とともに「手続き的知識」としての技能も一体的に評価観点である。とりわけ、今後は意味ある本物の活動での学びにより「概念的な理解」を評価したい。

●これまでの「知識・理解」「技能」と今後の「知識・技能」

これまでの評価観点である「知識・理解」は、各教科等において習得すべき知識や重要な概念等を理解しているのかを評価するものであった。また、「技能」は、各教科等において習得すべき技能を児童生徒が身に付けているのかを評価するものであった。今後の評価観点における「知識・技能」は、各教科等における学習の過程を通して個別の知識及び技能の習得状況について評価するとともに、それらを既有の知識及び技能と関連付けたり活用したりする中で他の学習や生活の場面でも活用できる程度に概念等を理解したり技能を習得したりしているのかを評価するものである。

上述した事項については、以下のような「知識」と「理解」と「技能」についての整理が必要である。すなわち、第一に、今後の評価観点における「知識」は、前者の個別の知識の習得状況という「事実的な知識」に加え、後者のそれらを既有の知識及び技能と関連付けたり活用したりする中で他の学習や生活の場面でも活用できるという「概念的な理解」も評価するものである。したがって、「理解」が無くなったということではないのである。第二に、「知識」には「宣言的知識」と「手続き的知識」があるが、「技能」は行為に関する知識とも言え、反復練習などによって意識せずに秩序だった行動が可能になる知識をも含むものである。このことから、「手続き的知識」として捉えられるのである。したがって、言葉によって説明可能な知識としての「宣言的知識」とともに一体的な観点として「知識・技能」とされたといえよう。

●「知識・技能」評価の要諦は概念的な「理解」を見取ること

「いちばんたいせつなことは、目にみえない」と言ったサン＝テグジュペリの『星の王子様』のキツネではないが、今回の新しい評価における「知識・技能」評価の要諦は、あえて「理解」という言葉こそ見えないが、この概念的な「理解」を見取ることであるといえよう。

新しい知識が既得の知識と関係付けられて構造化されたり、知識と経験が結びつくことで身体化されたりすることにより、様々な場面で活用できるものとして構造化され転移可能で汎用性のある概念が獲得される。そのためには、学習過程において試行錯誤をすることなどを含む意味のある活動に関わる学びによって、概念の意味的関連性を生起させることが必要である。そして、個々の概念が連結されて、さらなる階層的なネットワークが構成されることが肝要である。

例えば、総合的な学習の時間の目標は、「探究的

関西学院大学教授 **佐藤　真**

さとう・しん　1962年、秋田県生まれ。東北大学大学院博士後期課程単位取得退学。兵庫教育大学大学院教授、放送大学大学院客員教授などを経て、現職。中央教育審議会専門委員、中央教育審議会「児童生徒の学習評価に関するワーキンググループ」委員、文部科学省「学習指導要領等の改善に係る検討に必要な専門的作業等」協力者、文部科学省「教育研究開発企画評価会議」委員、文部科学省「道徳教育に係る学習評価の在り方に関する専門家会議」委員、国立教育政策研究所「総合的な学習の時間における評価方法等の工夫改善に関する調査研究」協力者、独立行政法人大学入試センター「全国大学入学者選抜研究連絡協議会企画委員会」委員などを務める。

な見方・考え方を働かせ、横断的・総合的な学習を行うことを通して、よりよく課題を解決し、自己の生き方を考えていくための資質・能力を次のとおり育成することを目指す。<u>(1) 探究的な学習の過程において、課題の解決に必要な知識及び技能を身に付け、課題に関わる概念を形成し、探究的な学習のよさを理解するようにする。</u>(2) 実社会や実生活の中から問いを見いだし、自分で課題を立て、情報を集め、整理・分析して、まとめ・表現することができるようにする。(3) 探究的な学習に主体的・協働的に取り組むとともに、互いのよさを生かしながら、積極的に社会に参画しようとする態度を養う」（下線は、筆者）である。

　下線部の「知識及び技能」には、「課題に関わる概念を形成し」と、「概念」という言が記されている。牡蠣（牡蠣の生産に関わる人々の願いや思いとそれを実現しようとする意味）を探究課題としてみよう。ここでの「知識・技能」の事実的知識は、牡蠣は貝であること、栄養豊富であること、生牡蠣・焼き牡蠣・蒸し牡蠣等で食されることなどである。これらについて、広島と宮城の牡蠣の収穫量やその推移を比較して考えたり、広島と宮城の牡蠣の種類や養殖法を分類して考えたり、広島と宮城の牡蠣を川・海や陸と関連付けて考えることにより、下記のような物事の本質に関する概念的な理解へと到達することができよう。すなわち、牡蠣のような生物には多様性（それぞれには特徴があり、多種多様に存在していること）があること。牡蠣の生産には地形や養殖技術などの相互性（互いに関わりながらよさを生かしていること）があることなどである。このように概念的に理解された知識は、広島や宮城における牡蠣の生産等という具体的な文脈だけではなく、脱文脈化されて児童生徒が今後の人生や社会で出会うであろう様々な事物・現象について考えるに当たって活用・発揮できるものになる。今後は、多様性、相互性、有限性、公平性、連携性、責任性のような物事の本質に関する概念的な理解が重要である。

●**概念的な「理解」のための留意点**

　以上、概念の獲得がイメージしやすい各教科よりも、概念の形成がイメージしやすい総合的な学習の時間を例に示した。しかし、いずれの場合も以下のような単元や授業の構成と一体的に考えなければ、画餅に帰すであろう。まず、児童生徒が新しい知識と既有知識・体験等が結び付いた理由や意味を解釈し、自分の言葉で書いて説明する場面を位置付けること。また、児童生徒が各自で解釈し再吟味できるグループやクラスでの話し合い・発表会等の場面を位置付けること。そして、児童生徒が魅力的で没頭できる意味ある活動によって自ら学ぶ場面を位置付けることである。「主体的・対話的で深い学び」に通じるものでもあるが、これこそ「指導あっての評価」であり、まさしく「指導と評価の一体化」である。

［引用・参考文献］
- サン＝テグジュペリ、河野万里子訳『星の王子さま』新潮文庫、2006年、p.108
- 佐藤真「『見方・考え方』が鍛えられ、子供が変わっていく学び」『学校教育』（2019年3月号）広島大学附属小学校、pp.10-17

学びを起こす授業研究 [第4回]

地域を挙げて目指す資質・能力を育む授業づくり

●「ふるさと創生」に向けた地域のカリマネ

　6月15日・16日、大分県佐伯市で第28回日本生活科・総合的学習教育学会全国大会（牧野治敏大会会長・川上修司実行委員長）が開催された。佐伯市訪問は十数回に及ぶ。きっかけは第22回（平成25年度）の兵庫大会である。少子化による地域の衰退を懸念し、総合的な学習の時間の充実を通して地域の活性化を図りたいという米持武彦大分県教育庁大分教育事務所長（当時は大分県教育庁佐伯教育事務所次長兼指導課長）をはじめ4名の熱い先生方に出会った。

　実際、今年6月の学会での佐伯市立鶴谷中学校3年生のあるチームの発表（**写真1**）でも、1980年に10万人近くあった人口が2015年には7万5000人になり、30年後の2060年には3万5000人ほどになると予測されている。九州の地方都市の一つである佐伯市にとり大きな課題である。全国的に少子高齢化が進む我が国においてこの問題は地方都市が抱える共通の課題である。生活科と総合的な学習の時間の充実により「地域と関わり、地域を理解し、地域に愛着をもつとともに、地域の課題も真摯に受け止めながらも、世代を越えて仲間と一緒に、教科等で身に付けた知識や技能及び様々な経験を活用して問題解決や新たなものを創造する人づくりを」との筆者の思いと繋がり意気投合を果たす。

　その後、一月と待たず「『大分の佐伯の先生方はやる気があるから、行ってもいいよ』とおっしゃっていただいたことに、当日同行した中学校の先生3人がすごく感動していまして、校長含め教育事務所、市教委も光栄に思っているところです。……」とのメールが届く。そのメールを契機に足繁く通うことになる。

　本誌の前身である『新教育課程ライブラリ』(Vol.2)の中でも紹介したが、2016年1月に「総合的な学習の時間を要とした『ふるさと創生プラン』戦略会議」を実施し、小中高の教員、県と市の指導主事、研究者等総勢33名で行ったワークショップにおいて、小学校から高等学校までを見通した資質・能力系統表の礎が築かれる。その後、幼稚園も含めた13年間の系統表を精緻化し完成させたのが2015年度から2016年度まで鳴門教育大学教職大学院に在籍した渡邊崇佐伯市教育委員会指導主事（当時は佐伯市立渡町台小学校教諭）である。渡邊氏は大学院修了後、指導主事として市全体の普及・発展に務める。大分県及び佐伯市の鳴門教育大学教職大学院への現職派遣及びその後の登用はきわめて戦略的である。

　佐伯市の取組はこれから少子高齢化が懸念される地方都市が目指す地域活性化のモデルである。また、学校のカリキュラム・マネジメントを実現する上での地域教育行政を中心とする「地域のカリマネ」の先進地である。その取組の一端を大会テーマ「『地』で自分を培い、ともに『地』を創る子ども～13年間を見通し、育成を目指す資質・能力を踏まえた生活・

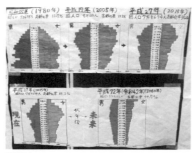

写真1

村川雅弘
甲南女子大学教授

総合の授業デザイン〜」を掲げ、日本生活科・総合的学習教育学会全国大会で披露したのである。これまでは政令指定都市や県庁所在地が会場であることが多かった。また、高等学校2校が発表会場校になるのも初めてである。人口7万余りの地方都市に全国から1000人を超える教員や研究者が集まった。

● 大分県佐伯市の取組からの示唆

筆者も平成24年度に本学会の徳島大会の大会委員長を拝命し、実施した。開催にあたり最も苦労したことは大会初日の授業公開の会場校の依頼である。前号で紹介したように年度始めの授業公開は極めて厳しいものがある。前号の鹿児島市立田上小学校のように、学校や教科のカリキュラム・マネジメントが機能し、かつ学習規律や言語活動などの学習の基盤が定着していれば、単元や教材ごとにひとまとまりのある教科学習の場合は実現が可能ではあるが、1年間かけて取り組むことが多い総合的な学習の時間では、この時期に全国の目の肥えた実践家や研究者に授業を提供することに二の足を踏まざるを得ない。ましてや中学校は総体の直前である。

佐伯市は「年度またぎ」(前年度4月から今年度6月までを通した指導計画)を提案・実施した。大会の6月に最終段階を公開できるだけでなく、小中連携がこれまで以上に求められる。今後の大会開催地に解決策の一つとして光明を照らしたと言える。佐伯市がこの「年度またぎ」を一過性のものとせず、今後どう展開していくかが注目される。また、後半でも述べるが、筆者が担当した3年生の総合はまだまだ深められる余地がある。6月で終了せずにもう少し続けてほしいと願う。

カリキュラム・マネジメントでは1つ目の側面として、生活科や総合的な学習の時間を中心にしながらも教育課程全体において教科横断的な学びの実現を目指

写真2

している。佐伯市はこの「ヨコのつながり」に加え、幼稚園から高等学校までの13年間の育成を目指す資質・能力を踏まえた「タテのつながり」を提案している。各校園が資質・能力の育成を目指す保育や授業を計画・実践していく上で拠り所となる。幼小接続において「幼児期の終わりまでに育ってほしい10の姿」が重要な役割を果たしているが、幼小に止まらず、小中及び中高の接続を実現していく上で資質・能力系統表の存在は大きい。

大会2日目のシンポジウムでは小学生、中学生、高校生及び高等学校で総合的な学習を体験し卒業したばかりの社会人1年生が登壇した(**写真2**)。筆者もずい分前から進言していたので考慮していただけたのかもしれない。これまでは実践者、研究者、文部科学省教科調査官が登壇してきた。やはり、地域に対する思いを熱く語る子どもの姿や生の声はインパクトがあり、参加者に大きな感動を与えた。本大会が目指すものが如実に表れていた。

● 分野を越えた質疑応答に学びの拡がりと深さが見える

会場校の一つである佐伯市立鶴谷中学校(都留俊之校長)の3年の総合的な学習の時間の指導助言を担当した。自分たちが中心となって活躍する30年後の佐伯市が住みよい町になるために何が必要かを考え、昨年秋から取り組んできた。約180名が大きく

学びを起こす 授業研究 [第4回]

写真3

写真4

「地域・情報発信」「国際交流・共生」「健康増進」「安心安全」「子育て」の5つの分野に分かれ、具体的に取り組む課題により、さらに細分化されたチームが授業会場である体育館いっぱいにブースを設けて発表・協議を行った。

筆者の勤務する甲南女子大学の卒業生のほとんどが保育所や幼稚園、小学校に就職していくので自ずと「子育て」のブースに足が向いた。ちょうど「保育園・幼稚園紹介パンフ制作」のチームが発表していた。屋根を叩きつける雨音にかき消されそうになりながらも、精一杯の声で発表したり協議したりする姿が見られた（写真3・4）。このような発表場面で筆者が着目するのは、準備された発表よりも即時的な質疑応答である。発表の直後は質問が出なかった。少し残念に感じた。すると発表者がすかさず「1分間、隣の人と意見交流してください」と対応した。筆者はその1分間を利用してその発表者にそっと質問を投げかけた。するとその生徒はあわてることなくにこやかに私の質問に答え、若干のやりとりもしてくれた。コミュニケーション力や即時的な対応力の高さがうかがえた。

そして約1分後、その生徒は聴衆に対して再度質問を促した。すると一気に手が挙がり、10分足らずの間に10人ほどが質問や意見を述べた。1分程度の意見交流であるが大きな効果があったようだ。質問内容によっては即答し、場合によってはメンバーで短く確認し合い対応していた。自己が取り組んでいる分野の経験や情報を踏まえての質問や意見（「外国人が増えているが英語のパンフも作るのか」「他の地域の保育所や幼稚園も同じようにPRしているので、佐伯で子育てするよさを示す必要がある」など）も出されて、生徒が分野間のつながりを意識して取り組んでいることが感じられた。筆者はお礼の意味を込めて、もう四半世紀前になるがJICAの「ケニア国の家族計画」プロジェクトに関わった経験から「パンフレットは、これから子どもが産まれる若い夫婦がくる産婦人科や結婚式場においてもらったらどうかな」と助言しておいた。

● 市民に対するアンケートに学ぶ

「佐伯市民300への町づくりアンケート」の結果（写真5）が体育館の一つの壁面に貼られていた。このアンケートは彼らの学習に大きな意味がある。後日、鶴谷中からいただいた資料によると、昨年10月に実施されている。20代から70代まで配布できるように各区長に協力依頼し実施した。保護者を含め約700配布し、回収数は345人である。40代が多いのは保護者配布の影響と考えられるが、20代から70代まで40〜50人ずつ満遍なく回収できている。

佐伯のよさとして、世代を越えて

写真5

●Profile
むらかわ・まさひろ 鳴門教育大学大学院教授を経て、2017年４月より甲南女子大学教授。中央教育審議会中学校部会及び生活総合部会委員。著書は、『「カリマネ」で学校はここまで変わる！』（ぎょうせい）、『ワークショップ型教員研修 はじめの一歩』（教育開発研究所）など。

「自然」と「食」の豊さが挙がっている。課題として、20代は「遊び場所」、30代・40代・60代は「商業施設」、50代・70代は「交通の便」を挙げている。例えば、70代の集計結果に対して「若者と高齢者が協力し町の活性化を図る」と結んでいる。市民の不安や思いを十分に理解した上で、各分野の各課題に取り組んでいる。学校からいただいたアンケートに次のような意見（一部）が書かれてあった。生まれも育ちも佐伯市の60代男性である。

> [質問] 佐伯市に住んでいて困ったなと感じることや暮らしにくさを感じることはどんなときですか。
> [回答] この問題には少し躊躇します。アラさがしをし始めると切りがないからです。問題点を洗い出して、解決策を考えるというアプローチには限界があります。佐伯をどんな町にしたいかからスタートすべきだと思います。はじめに夢ありきという考え方をしましょう。
> [質問] 佐伯市の30年後はどのようになっている（なってほしい）と思いますか。
> [回答] 住民がどう思うかで決まる。消滅するか発展するかは私たち次第です。一緒に考えましょう。
> [質問] 佐伯市が今後も生き生きとした町であるため、鶴谷中の生徒にできることは何だと思いますか。
> [回答] まずは、宝さがしです。最初はなかなか出て来ないと思いますが、ひとたび出はじめると次々に思いつくようになります。その過程で、たくさんアイデアが生まれていると思います。どういう町にしたいか。色々な要素を組み合わせて理想を描いてみてはどうでしょう。（後略）

このようなアンケートは他にもあったことだろう。生徒たちはアンケートから「考え方」「生き方」も学びとったに違いない。

３年生は今後の展開として、住民への説明会を計画している。「安心安全」分野のあるチームが「町全体が暗いので明るくする提案を考えていたが、お金がかかるので断念した」というエピソードを耳にした。筆者がそれこそが重要と考える。彼らの提案の実現に必ずついて回るのが予算である。それが現実である。３年生の先生方に「予算会議」を希望した。全体の予算を決めた上で、どのチームの提案を通すのか、どの提案とどの提案を関連させれば経費削減につながるのか、など、協議したい。町にとって何が大切なのか、喧々諤々の協議を通して、さらに深く学ぶこととなる。

日々の授業の中での貢献意識の醸成

学校ホームページから今年度１学期の始業式での都留校長のプレゼン「チャンス到来！ 今、立場が変わる時」を見ることができる。その中で学校教育目標「ふるさと佐伯に学び、未来予想図を描いて『鶴谷のチカラ』を発揮する生徒の育成」（図）を示し、「ふるさとに学ぶ」ことを通して、「自分の未来予想図を描く」「地域の未来予想図を描く」「『鶴谷のチカラ』を発揮する」ために３つの資質・能力を身に付け・発揮することを明示している。この内容は鶴谷中学校の教室の前黒板の上にも掲げられている。この精神はシンポジウムの登壇者だけでなく、生徒一人一人にまで行き届いている。授業公開の子どもたちの姿から見て取ることができた。身近な地域や将来に学びをどう活かしていくのか。子どもたちは常に意識して学習に臨んでいる。鶴谷中の実践から「社会に開かれた教育課程」の方向性や具体的なヒントを見出すことができる。

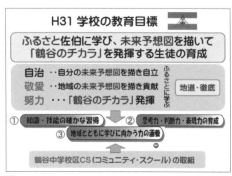
図

カウンセリング感覚で高める教師力
[第4回]

Active Listening を考える

 「聴くこと」の大切さ

まず、「積極的な聴き方（Active Listening）とは」と題するロジャースの論文を紹介します（注）。

その中で彼は、応答例【例1】と【例2】を示しています（下表）。職場の上司である主任に、その部署を担当する職長が命令に対する仕事の多忙さを訴えています。

【例1】
職長：主任さん、その命令は納得できませんね。今日中には無理ですよ。上の人たちは私たちをどう思ってるんでしょうね。
主任：でも命令だからね。今週は忙しいし、ほんとのところできるだけ早くやってもらいたいんだ。
職長：プレスが故障していますから、今週は仕事が遅れているんですよ。上の人は知ってるんですか。
主任：そんなこと知らないよ。わたしは命令どおりに仕事が進むように監督するだけだよ。それがわたしの仕事なんだ。
職長：うちの部下は怒りますよ。
主任：そこを君がなんとかすべきだよ。

【例2】
職長：主任さん、その命令は納得できませんね。今日中には無理ですよ。上の人たちは私たちをどう思ってるんでしょうね。
主任：ばかに気分をこわしているじゃないか。
職長：そりゃそうですよ。プレスが故障で仕事が遅れていたんですよ。やっと遅れをとり戻したと思ったらこの仕事でしょう？
主任：同情がないってわけだね。遊んでるわけじゃないーおいそれといってきたってできるもんかーってことかい？
職長：そうですよ。うちの連中にどう説明するか、弱ってるんですよ。
主任：今の忙しさじゃいいだしにくいってことかい？
職長：そうなんですよ。今日は無理してますからねえ。こう急ぎ急ぎが多くあっちゃあ、やりきれませんよ。
主任：連中がかわいそうだと思ってるんだな。
職長：ええ、上の人も忙しいんでしょうがーしょうがないなあ。よし、なんとかしてみましょう。

近くにいる人と、この二つの例をその役割になりきって、ロールプレイングをしてみてください。主任の聴き方や所作などの応答によって、職長の心の動きと意識が徐々に変化していくことを体感できると思います。

もちろん、【例2】の応対に軍配が上がると思います。とくにこのようなクレーム的な対応に有効です。上司である主任が職長の言葉とその背景にある感情に耳を傾けています。例えば、「ばかに気分をこわしているじゃないか」「同情がないってわけだね」「連中がかわいそうだと思ってるんだな」など。このように相手の感情の動きを汲み取った共感的な理解と態度による言い方が、職長のこころと行動の変容を促しているのです。

一方、【例1】ではそのことが逆になっています。主任の自己保身的な言い方が、職長の感情を逆撫でしています。客観的な立場にある者でも腹立たしさを覚えます。この主任とは二度と話したくないし、責任ある仕事をしようとする意欲も失うと思います。

 話すことは聴くことである

二つの例を実演してみて、保護者との苦情等のケースを思い浮かべる方もいるでしょう。私たち教師の場合も、〈自分自身や学校のために保護者の話を聴き、解決策を示すだけは意味を成さない〉ところがあります。

話し手の直面している事態を十分に聴き受け、その内容を一緒に考え合い、話し手自らが言動を選択できるように見守ることです。ここには話し方と聴

ありむら・ひさはる　東京都公立学校教員、東京都教育委員会勤務を経て、平成10年昭和女子大学教授。その後岐阜大学教授、帝京科学大学教授を経て平成26年より現職。専門は教育学、カウンセリング研究、生徒指導論。日本特別活動学会常任理事。著書に『改訂三版 キーワードで学ぶ 特別活動 生徒指導・教育相談』『カウンセリング感覚のある学級経営ハンドブック』など。

東京聖栄大学教授
有村久春

き方に相補的な関係性があります。互いに〈聴き合い⇔話し合う〉ことです。この関係性の認識を見誤ってしまうと、あってはならない隠蔽体質や事なかれ主義に転じることになりかねません。

このように、Active Listeningによる話し方は、クライエントの内面に〈自分が受け容れられている〉とする安心感と変化をもたらし、積極的な行動変容を促します。そして第三者の意見や異なった考えも受け容れるキャパの拡大もみられます。なによりもクライエント自身が自己信頼感（自信）を実感できます。〈先生〉自身も自己防衛的な感覚を再チェックする力を得ることになります。

 気持ちに寄り添って話す

以下のケースは、いかがでしょうか。第2回で紹介したケースと関連させて、「聴き方」について考察していただければ幸いです。

> 母親1：うちのM男が、社会の地図帳を誰かに破かれた、と泣きながら帰ってきました。「だれ？」と聞いても、言いません。きっと暴力的なA君に決まっています。先生、A君をきちんと指導してください。そしてまた、学校で破かれたというのに、先生が気づかないとは変です。あまりにも無責任ではないですか。M男は、もう学校に行きたくないと言っています。
> 教師1：お話しいただき、有り難うございます。社会の地図帳が誰かに破かれた、とM男くんが泣きながら帰ってきたのですね。私が気づかなかったことは、大変申し訳なく思います（繰り返しながら聴く）。M男君自身、とても悲しい思いをしていると思います。そうだと思います。きっと……。
> 母親2：そうです。二度とこのようなことがないように、A君のこと、お願いします。
> 教師2：破いたのがA君ではないかと……。そう思えることがあるのではないかと……。「だれ？」と聞いても、M君は話さないのですね。
> 母親3：うちの子は、わかっていても話さないと思います。A君のこと何とかしてしてほしいと……。
> 教師3：何とかしてほしい……。M君自身からは、その事実は聞いていないとのことですね……。
> 母親4：え、え、言わないですから……。何しろ破かれたんですから……。そうですよ、大変ショックを受けているんですから……。
> 教師4：はい、そうですね……ショックですし、そして「学校に行きたくない」と言われると、お母さまもそうですが……私も心配になります……。
> 母親5：はい……え、え、とても困ります……。
> 教師5：いま、一つの考えですが……明日、M君とゆっくり話し合ってみたいと思います。このような考えで……いかがでしょうか？……。
> 母親6：はい……そうしていただけると……。
> 教師6：え、え、……M君と話して、一緒に考えてみます。……そして、そのことをまた私からもお母さまにお話しさせてほしいと思います。
> 母親7：はい……、すみません……よろしくお願いします。……わたしもM男のことを見ていたいと思います。ありがとうございます。

先のロジャースの応答例と比して、どうでしょう。訴えに寄り添い、その気持ちを受容しつつ、感情的な思い込みを明確化しながら、糸口を一緒に考える話し方がみられます（特に下線部）。そこには、〈問題の事実は十分に聴くが、その解決は保護者自身がする〉という考え方があります。保護者自らの問題解決の援助をする「話し方」に徹することです。

[注]
- カール・ロジャース著、友田不二男訳『カウンセリングの立場』（『ロージャズ全集』第11巻）岩崎学術出版社、1967年、p.307

■8月の学級づくり・学級経営のポイント
怖ささえ遊びにしてしまう子どもの感性

8月は、子どもたちが待ちに待った夏休みです。外で遊んで真っ黒になった子どもたちと始業式に出会うことになるに違いありません。

子どもたちが外遊びをしているときに、一番怖いのはなんと言っても「かみなり」です。あの光り方といったらありません。ピカピカ光りながらジグザグに光が落ち、耳をふさぎたくなるような大音響が聞こえてくるのです。大人だって、ビビってしまうのですから。

しかし、この詩に見られるように、「かみなり」さえも、いつの間にか遊びにしてしまう子どもの感性は、すごいとしか言いようがありません。もしかすると、子どもは怖いことをそうした遊びにすり替えることで、怖さから逃げようとしているのかもしれませんね。怖さを軽くする方法を自然に探し出す子どもの創造力は、とても大切にしたい力の一つではないでしょうか。

子どもは、基本的に創造力のかたまりだと、私は思っているのです。かみなりが落ちる仕組みを調べてみることで、落ちやすいところの条件を考えてみるなんて、面白いと思うのです。ちょっと工夫をこらして、対象に対する感じ方を変えてみる。そんな時間がとれるのも、夏休みだからではないでしょうか。時計を分解してゼンマイが動かしている不思議さを体験する。料理をやってみて、熱の伝わり方をなんとなく知る。

夏休みの思い出を書かせると、たいてい「旅行」や「田舎に行ったこと」だったりします。これはこれで、大切な思い出だと思うのですが、9月にひと味違った思い出を書かせてみたら、面白いのではないでしょうか。「すごく怖かったけど、こんな工夫をしたら怖くなくなったこと」「不思議だったことを調べてみたこと」「いつの間にかできるようになってしまったこと」などを詩に書かせてみたら、とてもユニークな詩集ができあがること、間違いなしです。そんな遊び心を持った詩集を作ってみましょう。教師が子どもとつながるのに必要なのは、なんといっても「遊び心」なのですから――。

ユーモア詩でつづる 学級歳時記

［第4回］

白梅学園大学教授
増田修治

ますだ・しゅうじ　1980年埼玉大学教育学部卒。子育てや教育にもっとユーモアを！と提唱し、小学校でユーモア詩の実践にチャレンジ。メディアからも注目され、『徹子の部屋』にも出演。著書に『話を聞いてよ。お父さん！比べないでね、お母さん！』『笑って伸ばす子どもの力』（主婦の友社）、『ユーモアいっぱい！小学生の笑える話』（PHP研究所）、『子どもが伸びる！親のユーモア練習帳』（新紀元社）、『「ホンネ」が響き合う教室』（ミネルヴァ書房）他多数。

■ 今月の「ユーモア詩」

かみなり

山岸　里冴（りさ）（4年）

この前、かみなりがなった。
私と弟はおぜんの下へいって押し合いをした。
なぜかというと
かみなりが光ったからだ。
そのあとも
まどをずーっと見ていたら、
かみなりが光った。
「光ったー、光ったー。」
と言っておぜんの下へかくれた。
同じことを何回もくりかえした。
そのうちにジュウタンがずれて、
ついにお母さんのかみなりが落ちた。
かみなりより
お母さんの方がこわいよ～。

■ 怖いのはお母さんの目

暗い空いっぱいにとどろくような不気味な音と一瞬の閃光。かみなりは大人になっても、怖いものです。ちっぽけな人間にはとてもかなわない、まさに自然の猛威です。せいぜいできるのは、目と耳をふさいで、通り過ぎるのを待つだけです。

里冴と弟が「おぜんの下へいって押し合いをした」と書いていますが、正確に言えば、食卓の下にもぐって、恐怖から逃れたということでしょう。

もっともその怖さも初めのときだけです。そのあとは「まどをずーっと見ていた」というのです。怖いもの見たさ、という言葉のとおり、里冴にちょっぴり余裕ができて「怖いけど、見たい」という気持ちに変化したことがよくわかります。

だんだん事態はエスカレートします。「光ったー。光ったー」と言っては下へかくれるころには、もうお遊び。「同じことを何回もくりかえした」のです。

お母さんには、そんな里冴の気持ちの変化がすべてお見通しです。危険回避で下へかくれている間は黙っていましたが、お遊びになったとたんにお母さんのかみなりが落ちます。何とも見事なタイミングです。

「かみなりよりお母さんの方がこわい」と書いていますが、すべて見通していたお母さんの目が一番怖かったのでしょう。子どもの素直な感覚があふれる詩です。

UD思考で支援の扉を開く
私の支援者手帳から

[第4回]

原因論にまつわる煩悩（3）
「グレーゾーン」と思いたくなる煩悩

　「グレーゾーン」という言葉は、実に数多く無批判に使われている言葉です。「グレーゾーンの子どもをどう扱うか」などという言葉は、研修や実践の現場で普通に使われています。しかし、この言葉には支援の仕方や支援に向けての考えをブレさせる要因をもっているように思えるのです。今回は、このことについて、いくつかのキーワードをもとに考えてみたいと思います。

ポタージュスープ

　そもそも「グレー」というのは、白と黒が混ざり合ってできている色であるわけですが、「グレーゾーン」というのは、白か黒かがよく分からないという意味で使われます。白と黒とが混ざり合ってグレーになっているということで、それは言うなればポタージュスープ状態になっているという捉え方です。しかし、黒と白とがそんなにきれいに溶け合っている人などはいるでしょうか。支援が必要な子供に対して、グレーと思ってしまっては、子供が困っている状態についての原因究明はできません。原因を求める支援者が、対象を「グレーゾーン」と言ってしまっては、いつまでたっても原因にはたどり着けないのではないかと思っています。

シマウマ

　つまり、支援の対象となる子供は、「グレー」のように混ざり合っているのではなく、シマウマだと考えるべきです。シマシマがあるから、私たちはアセスメントができるわけです。それを「グレーゾーン」と言ってしまっては、どこにアセスメントをしてよいのかが分からなくなります。ここでは、必ずしも、白いところが良い部分で、黒いところが問題である部分であるということではありません。どこに支援が必要となる部分があるのかという原因を弁別するための捉え方なのです。「グレー」にしてしまうと、原因の弁別がしにくくなってしまうということを指摘したいのです。よく知的障害があるともないとも言えない状態として「グレーゾーン」という言葉を使ったりしますが、それが支援者にとって、やろうとしていることの自己矛盾を引き起こす言葉となっているということなのです。

　だから、「グレーゾーン」ではなく、「シマウマ」と考えるべきです。白か黒かを弁別して、そこにアセスメントのポイントを見いだすということが大切です。ポタージュスープ状態では弁別不能になってしまうのです。原因を追い求める支援者が、無批判に「グレーゾーン」を話題にするのは、支援に対して自己矛盾を起こしていると考えるべきです。原因を求めたいのに、「グレーゾーン」という言葉で原因を隠れさせてしまう、こんな自己矛盾は非常に珍しいことなのです。

図と地

　そこで、「図と地」ということを考えてみたいと思います。
　デンマークの心理学者エドガー・ルビンが考案した多義図形に、「ルビンの盃」というのがあります。

おぐり・まさゆき　岐阜県多治見市出身。法務省の心理学の専門家（法務技官）として各地の矯正施設に勤務。宮川医療少年院長を経て退官。三重県教育委員会発達障がい支援員スーパーバイザー、同四日市市教育委員会スーパーバイザー。（一社）日本LD学会名誉会員。専門は犯罪心理学、思春期から青年期の逸脱行動への対応。主著に『発達障害児の思春期と二次障害予防のシナリオ』『ファンタジーマネジメント』（ぎょうせい）、『思春期・青年期トラブル対応ワークブック』（金剛出版）など。

小栗正幸
特別支援教育ネット代表

黒地の背景に白い盃を描いたもので、見ようによっては、盃が見えたり、向かい合った二人の人間が見えたりするというもので、ご存知の方も多いと思います。

もちろんここで、だまし絵のような遊びの話をするわけではありません。アセスメントという営みにおいて、この「図と地」は極めて重要な概念であることを申し上げたいのです。

つまり、「図と地」のどちらを主役とみて、どちらを背景とみるかによって、原因の見方が変わってくるということです。

このことは、支援の方向性を見極めるにあたって、とても重要です。

評定をする人（支援者）が、何を見ようとし、何を見ようとしていないのかが問題なのです。中には、自分が見ようとしているものが実体で、見ようとしないものは実体のないもののように取り扱ってしまう人がいます。

しかし、ルビンの盃のように、図に見えるものも、背景に見えるものも両方見えることによって、アセスメントはできていきます。それを見極めようとする支援者であれば、今はどちらが図となっていて、どちらが背景となっているのかを見て、適切な支援ができるのです。つまり、見えるもののどちらも実体として捉えていくことが大事なのです。

学習指導であれば、教師は、その子がどの分野が得意でどの分野が苦手かということが分かります。また、同じ教科にしても、こういったタイプの問題だとできるけれど、違うタイプの問題だと難しくなるということも分かるはずです。また、できる分野や問題のなかにもつまずきの根があることも、よくみれば気づくこともあるでしょう。できないことにばかり手をかけていっても伸びないということもあるわけです。そうすると、できること・できないことを弁別して、そこに確かな原因を見極めることによって、効果的な指導が可能となるわけです。

発達支援の子などへの支援についても同様で、白黒を両方見て、原因を見極めていくことが大切なのです（もちろん、どちらが問題ではなく、どちらが問題かという捉え方ではありません。あくまで、支援が必要な状態となっている原因を見極めるための弁別とすることが大切です）。

「図」と「地」は常に両方あり、「図」が常に「図」であり続けるわけではありません。「地」が「図」となって、そこに本当の課題が浮かび上がってくることもあるのです。

冒頭に、ポタージュスープの話をしましたが、こうした「図と地」を溶け合わせてしまうと、支援者にとって自己矛盾を起こすということが、このことで理解されると思います。

見えることだけに幻惑されて、見えないことを気にかけることができない人、見えにくいことを見ようとしない人は、支援者としての資質に欠けると思います。子供に適切な支援を行うためには、私たちは「だまし絵」の術に惑わされてはいけなのです。

（談）

進行中！
子どもと創る新課程 [第4回]

季節や地域行事に関わる活動
[幼小交流 第2学年生活科]

園児との七夕交流活動を通して

●step1
　明治時代から続いている東北三大祭りの一つである仙台七夕まつり。今を熱く生きる人との出会いが、みんなの幸せや故郷の発展を願う思いをふくらませ、幼稚園児との七夕交流に主体的に取り組む子供の姿を創出した。

　七夕の起源は中国古代にさかのぼり、女性の星祭としてわが国に伝わり、技の上達や豊作・豊漁・豊寿・商売繁盛を願うようになった。

表　七つ飾りに込められた思いや願い

七つ飾り	思いや願い
短冊	学問・書道の上達。
紙衣	病気や災難などの厄除け、裁縫の上達
折鶴	家内安全と健康長寿
巾着	商売繁盛
投網	豊漁、豊作
くずかご	清潔と倹約
吹き流し	織り姫の織り糸をシンボライズ

　東北三大祭りの一つである仙台の七夕まつりは江戸七夕を受け継いで、明治年間に一つの型としてできあがった。俗に七つ道具飾りと呼ばれる短冊、紙衣、折鶴、巾着、投網、くずかご、吹き流しを竹に飾り、毎年8月6・7・8の3日間、全市を挙げて華やかに行われる。

　伝統行事である七夕には、人々の思いや願いが織り込まれている。それらに触れることで、子供たちは、季節と人々との生活のつながりや人々の暮らしぶりを知ることができる。

今を熱く生きる方との出会い

　明治16年創業の七夕の吹き流しの準備を行っている鳴海屋商事の鳴海さんから、七夕の由来や毎年、半年以上かけて作る吹き流しには、人々の思いがあること、人とのつながりを大切にしていることを話していただいた。仙台の伝統を守る鳴海さんとの出会いが、七夕に対する子供たちの興味・関心を高めるきっかけとなった。

　鳴海さんとの出会いの後、子供たちは、休み時間になると、「たなばたさま」の歌を歌ったり、図書室から七夕の本を借りて読んだりするようになった。

七つ飾り作りにチャレンジ

　七つ飾りの由来を知った子供たちが、七つ飾りを作ってみたいという思いがふくらんできたことを見取り、担任は、子供た

写真1　七夕作り方コーナー

ちが自分の力で七つ飾りを作ることができるように、教室内に七夕作り方コーナーを設置した。

　子供たちは、作り方の説明資料を参考にしながら、自分の力で七夕飾りを作ることに夢中になった。

　中でも人気があったのは、くずかごである。整理整頓できるようになりますようにと実生活の願いと結びつけていた子供がたくさん見られた。

園児との七夕交流

　七つ飾りを作り終えた子供たちから、幼小交流を通じて知り合った園児に、七夕の秘密を教えたいという声があがった。そして、多くの子供たちが園児と七夕交流をしたいという思いをもった。担任は、幼稚園の先生方とねらいを確認し、子供は七つ飾りを、幼稚園児は貝つなぎを、それぞれ教え合うことにした。

[幼稚園]
●ねらい
　児童との交流を通して、七夕に関心を持ち、飾りづくりを

仙台市立荒町小学校教諭
鈴木美佐緒

天までとどけ七夕まつり（12時間）	
学習内容	教科
たなばたさまの歌を歌う	音楽（1時間）
七夕の七つ飾りの意味を知り、七つ飾りを作る	生活（1時間） 図工（3時間）
園児に七夕飾りを教えたり一緒に作ったりする・振り返り	生活（3時間）
じゅんじょよく書こう	国語（1時間）
自分の願いを飾りにしよう	図工（3時間）

写真2　資料を参考に七夕飾りを作る

写真3　園児に作りたい飾りを選ばせている児童

楽しむ。七夕製作を通して、児童や小学校の教師に親しみを持つ。
●子どもの姿
　七夕飾りのつくり方を互いに教え合った。「七飾り」をつくるということへの期待を持って製作が始まったが、途中で「わからない。」と手が止まってしまう園児がいた。その様子を見ていた児童に「かして！やってあげる！」と分からない部分を教えてもらった。児童と一緒に協力して出来上がった七夕飾りを見て、園児は満足そうだった。
　幼稚園に戻ってくると「やさしかった。」「わからないことをおしえてもらってうれしかった。」など思い思いに話していた。
●考察
　児童とペアになり、関わりを持ったことで、分からない園児も丁寧に教えてもらうことができた。「こんどは〇〇をいっしょにやりたい！」と、意欲的に話す姿もあった。このことから、児童への憧れや感謝の気持ちを抱き、一緒に遊ぶことへの期待が高まったことがうかがえた。また、自分の就学する小学校への興味・関心も湧いてきたように思われる。

[小学校]
●ねらい
　七夕飾り作りを通して、七つ飾りについて作り方を教えたり、ペアの園児と仲良く活動したりすることができる。
●子どもの姿
　ペアの園児がなかなか七夕の七つ飾りに興味を示さなかった。普段は友達と仲良く遊ぶYさんだが、園児の反応に戸惑う様子を見せた。教師が「Yさんの得意な巾着を作ってみたら？」と助言すると、すぐに作り始めた。園児がわかるように自分が切った折り紙を見せていた。言葉を交わす回数は少なかったが、園児の作るペースに合わせて、飾りを作って活動していた。
●考察
　何度も繰り返し七つ飾りを作った経験が自信となり、戸惑いを乗り越えることができたと考える。園児のペースに合わせながら活動する様子を見ると、ペアの園児を思いやる気持ちが芽生えたと考える。

【Yさんの振り返りより】
　なるみさんのお話をきいて、むかしからつたわるせんだい七夕は、せんだいのたからものだとおもいました。
　ぼくは、むかしの人のおもいがこめられている七つかざりをしって、なんどもなんどもれんしゅうして、じょうずに作ることができるようになったので、ようちえんのおともだちにもおしえてあげました。
　はじめは、ようちえんのおともだちが、なかなかかざりをつくろうとしなくてこまったけど、やるきがでるのをまってあげたり、がんばってとおうえんしたりしました。
　ぼくがとくいなきんちゃくをいっしょにつくったら、「ありがとう」といって、よろこんでくれたので、ぼくは、とってもうれしかったです。ぼくも、楽しくかざりをつくることができました。

[第4回]

深い学びをもたらす学習課題

東海国語教育を学ぶ会顧問
石井順治

質の高い課題が質の高い学びに

　深い学びをもたらす対話的学びは、どういう条件の下で生まれるのでしょうか。まずは学びに向かう意欲が子どもたちに存在していなければなりません。そのうえで、仲間との対話への期待感がなければ、積極的に対話的学びをしようとはしないでしょう。その意欲と期待感はどのようにして生まれるのか、対話的学びに取り組む教師はそのことを疎かにしてはなりません。

　当然、教師と子どもの信頼関係、子ども相互のつながりがベースになります。しかしそれはあまりにも当然すぎることなので、そのうえで何が条件になるのか考えてみることにしましょう。

　学びへの意欲、対話への期待感、それが子どもからあふれてくるとき、そこに何が存在しているでしょうか。教師の立場からではなく子どもならと考えてみてください。そうしたらだれの思いも一致するのではないでしょうか。それは学ぶ対象への魅力でしかないというように。つまり、授業で設定されるいわゆる学習課題が、知りたい、わかりたい、つき詰めたいと思えるようなものであるとき、子どもたちの気持ちは自然と学びに向かうのです。

学ぶ過程で生まれる課題

　小学校2年生の算数の授業、それは「46＋27」という繰り上がりのあるたし算の学びでした。もちろん一の位の繰り上がり方を教えないで子どもたちに考えさせるという授業でした。ペアになって取り組んでいた子どもから出てきた考えは抱腹絶倒とも言えるものでした。「6と7を足したら13になるでしょ。13の10は邪魔。だからなしにして3になるの」。「うん、そう。10はほうったらええ」。

　まさに子どもの学びはここから始まるのです。こういう子どものいわゆる「間違い」から子どもの本気の学びが生まれるのです。授業はこの後、「10はなしにしていいのだろうか？」という課題に向かって、すべての子どもが考え合う意欲的なものになったのは言うまでもありません。

　この授業と同じように、学びのなかで突然姿を現した子どもの考えが、学級全体の課題になった事例はいくつもあります。

　小学校3年生の国語、「モチモチの木」という物語を読む授業のときでした。物語を読むということは、作品の状況が、あたかも目の前で繰り広げられているかのように読み描けることから味わいを深めることができます。けれども、子どもたちの多くは、どうかすると大まかな読み方に陥ってしまいます。その授業でもそうでした。じさまの突然の腹痛で豆太が「医者様をよばなくっちゃ」と飛び出す場面で、子どもたちはじさまのうなり声を聞いて豆太がそうしたのだと概括的に読み、何かしっくりこない感覚に包まれていました。それに対して、「じさまぁ」と「じさまっ」という豆太の二つの言葉の違いから、「『じさまっ』と叫んだ後、飛び出した」という考えが出てきたのです。ここで教師が、「このとき、豆太は何が見え、何がわかり、どうなったのか」と問い、子どもたちにペアで聴き合うよう促したのです。子

● Profile
いしい・じゅんじ　1943年生まれ。三重県内の小学校で主に国語教育の実践に取り組み、「国語教育を学ぶ会」の事務局長、会長を歴任。四日市市内の小中学校の校長を務め2003年退職。その後は各地の学校を訪問し授業の共同研究を行うとともに、「東海国語教育を学ぶ会」顧問を務め、「授業づくり・学校づくりセミナー」の開催に尽力。著書に、『学びの素顔』（世織書房）、『教師の話し方・聴き方』（ぎょうせい）など。新刊『「対話的学び」をつくる　聴き合い学び合う授業』が刊行（2019年7月）。

どもの表情に「そうかっ」という生気が表れたのは言うまでもありません。

教師が準備する課題の力

対話的学びは考える対象がくっきりと姿を現わさないと積極的なものとはなりません。それを自覚している教師は、そもそもその時間の課題そのものにそれだけのものを準備します。

小学校6年生社会「貴族と藤原道長」の授業。一般に、歴史の授業は出来事と人物を概略的に教えることに陥りがちななか、それは、教師の説明を極力抑えて、課題と資料を提示してグループで考えさせる授業でした。そのとき子どもに示したのは道長が読んだ「この世をば……」の歌で、そこから藤原氏が強い権力を有していたことを見つけ、「そのような権力をどうして手に入れることができたのか」という課題が子どもから生まれました。すぐグループになって考え合います。そのとき、教師が詳しい説明をしないで配った資料が「藤原氏の系図」でした。どのグループからも言葉が消え、子どもたちは配られた図を凝視しています。やがて、藤原氏の娘が天皇の妃になっていることを見つける子どもが次々と現れ、それを契機にどのグループでもにわかに対話が始まったのでした。

中学校3年生理科「地球と宇宙」の授業。授業は「この日（11月）の月は、いつ、どの方角に見えるだろう」という課題から出発しました。しかし、教師が準備していた本当の課題はそれではありませんでした。教師は授業の中盤「菜の花や　月は東に　日は西に」という蕪村の句を示します。そして、「蕪村が見ていた月の形はどんなものだったか？」という課題を提示したのです。さらに授業の終わりかけには「蕪村の見た月が半月だったらどうだろう」と、さらに子どもたちを追い込んだのは周到に考えておいたものだったのでしょう。

この最後の問いでそれまで仲間との対話でほとんど何も話そうとしなかった一人の生徒が自分から語り始め、授業後の振り返りにしっかりした文を記したのですが、それは課題が子どもの学ぶ意欲にどれほどの意味をもつかを表す事実でした。

学びの過程で出てきた子どもの考えに応じて即興的に課題を生み出すことは容易いことではありません。けれども、「貴族と藤原道長」や「地球と宇宙」の授業のように、子どもたちが意欲的に取り組むための課題を事前に手づくりすることは即興的に生み出すよりは十分実現できることです。ただし、それには、その教科の専門的研究が必要です。教科書に記されていることがわかる程度ではできません。ということは、子どもの対話的学びが豊かになるか、そして学びが深まるかは、教師がどれだけ教材研究をしているかにかかっているのです。

とは言っても、日々の忙しさのなかでは、万全の教材研究ができないのも事実です。本号が発刊される頃、学校は夏季休業日に入っています。授業のないこの期間こそ、教材研究のチャンスです。9月以降の授業の良し悪しは教師の夏の過ごし方にかかっている、そう考えるべきです。

スクールリーダーの資料室

昭和26年学習指導要領を読んでみよう（下）

　今号は、「昭和26年学習指導要領　一般編（試案）」から、「Ⅲ　学校における教育課程の編成　3．年間計画と週計画」から「Ⅳ　教育課程の評価」「Ⅴ　学習指導法と学習成果の評価」までを掲載する。

　学習指導の計画には、年間計画・数週間の計画・1週間を単位とした計画の三つがあり、この三つの計画は、「おのおのが切り離され孤立したものではなく、互に関連をもち、全体として児童生徒の経験の発展を期す」と記されている。様々なスパンの教育活動が、互いに関連をもちながら進められることを指摘しており、カリキュラム・マネジメントに通じるものとなっている。「（1）年間計画の立て方」においては、「各教科の関連をできるだけ考慮する」「地域社会の各種の機関との連携を密接にしておく」といった、教科の連携・横断の考えや「社会に開かれた教育課程」に通じる視点も盛り込まれた。

　年間計画・週計画において、小学校低学年では、「いくつかの教科の学習内容を統合して行うほうが効果的な場合がある」として、約半世紀後の生活科の黎明を感じさせる文言も見て取れる。

　「Ⅳ　教育課程の評価」においては、「1．教育課程の評価はなぜ必要か」で、教育課程が「絶えず、教育課程構成の原理や実際の指導にかんがみて、それが適切であったかどうかが評価されなければならない」とし、さらに「評価といえば、学習成果の評価のみを考えやすいが、教育は、そのあらゆる部面にわたって絶えず評価される必要がある」と述べ、教育評価は、教育課程の改善に資するものであると論じ、こう述べる。「教育課程の評価と教育課程の改善とは連続した一つの仕事であってこれを切り離して考えることはできない」。

　また、「2．教育課程の評価は誰が行なうか」では、「単に個々の教師の評価のみでなく、多くの教師の協力によって、さらに学校長・指導主事・教育長なども参加して、協力的に行われる必要がある」という。これは、多くの目で協働的に評価活動に取り組むこととともに、様々な立場の教育関係者が集うことで教師の評価リテラシーも上げていこうというメッセージとなっている。

　「Ⅴ　学習指導法と学習成果の評価」では、「1．教育課程と学習指導法」で「教育課程と学習指導法とは密接に結びついている」とし、「個々の教材をよく研究し吟味することによって、それに最も適した指導法が考え出される」という。そのためには児童・生徒をよく理解することが有効だと指摘している。子供を知ることから適切で有効な学習内容と指導法を検討していくことを唱えているといえよう。

　そして、「3．学習成果の評価」では、「学習成果の評価を、適切に行うためには、評価の観点が正しく教師にとらえられていなければならない」と述べた上で、「評価の観点は、指導の目標とか、ねらいとかいわれるものと表裏の関係をなす」とし、「目標をひるがえせば、評価の観点となる」と指摘する。

　本試案と併せ読むことによって、新学習指導要領は、より具体性をもって理解されよう。（編集部）

●学習指導要領　一般編（試案）
　　　昭和26年（1951）改訂版　文部省

III　学校における教育課程の構成

3.　年間計画と週計画

　教育課程は、児童生徒のもつ望ましい諸経験の連続的な過程を示すものである。学習指導の計画をたてる場合には、この連続的な過程を大きく三つの側面に分けることができる。一つは、1年あるいはそれ以上にわたる長期の指導計画であって、これを年間計画と呼ぶことができる。次には、数週間または2～3か月にわたる学習活動の計画であって、単元の計画あるいは一つの題材についての指導計画がこれに当る。そして、これらの指導計画は、日々あるいは、1週間を単位としてのさらに細分された指導計画を必要としてくる。

　これらの指導計画の三つの部分は、それぞれの特色をもってはいるが、しかしおのおのが切り離され孤立したものではなく、互に関連をもち、全体として児童生徒の経験の発展を期すものである。

　全体としての指導計画の三つの部分のうち、単元の計画については、すでに述べたから、ここでは、
(1) 長期の学習計画
(2) 月次計画及び週計画
について述べることにする。

(1) 年間計画のたて方

　年間計画は、日課表を作ったり、週計画をたてたりする際に、その背景となる指導計画のわく組であるといえる。文部省や教育委員会でなされる教育課程構成の基準や示唆を手がかりとしながら、各学校では年間をとおしての大まかな指導計画をまずたてる必要がある。

　これには、教科の学習、特別教育活動、その他学校の行うすべての教育活動が含まれ、きわめて包括的な計画である。学校における年間計画は、学校長・教職員などが協力してたてるのであるが、児童・生徒や、地域社会の人々の意見を聞くことも望ましい。たとえば、運動会・学芸会・旅行など、学校の行ういろいろな行事などは、児童・生徒・地域社会の人々の意見を聞くほうが、実情に合致した適切な計画がたてられるからである。

　このような学校全体としての年間計画をもとにして、次にはそれぞれの学級の具体的な年間計画がたてられることになる。

　以下年間計画をたてるに当って考慮すべきおもな事項を掲てみよう。

(a) 教育の一般目標や、各教科の目標が、全体としてじゅうぶんに達成されうるように具体化されていること。

　年間計画は、いうまでもなく、教育目標を達成するための、年間をとおしての実践的な学習や活動についての計画である。したがって、前年度の年間計画をそのまま用いたり、無批判に他校の計画を模倣すべきものではなく、それぞれの学校の教育の目標を適切に具体化したものでなくてはならない。

　また、小学校・中学校・高等学校では、児童・生徒の発達段階の特性から考えて、教育の計画のたて方にも、おのずから違ったものがあろうから、その点をじゅうぶんに考慮しておく必要がある。

(b) 各教科の関連をできるだけ考慮すること。

　教科間の連絡がふじゅうぶんであれば、その結果児童・生徒の学習活動は、断片的なものとなり、空隙ができたり、むだな重複があったりすることになる。それをさけるためには、各教科の教材排列や学習する単元の構成や配列において、無理なく関連をはかることのできるものは、できるだけその関連をはかることが必要であろう。児童・生徒の生活経験の発展は、季節や行事と関係するところが多いから、このことを考えて、各教科の学習内容の配列を、関

連づけることも、一つの効果的な方法であろう。

(c) 年間をとおして、児童生徒の生活経験がどのように発展していくか、その発展の契機となるものを予想して、計画の中に取り入れること。

児童・生徒の生活は、いろいろな条件に左右されて発展していくといえる。したがってどのような機会に、どのような有効な生活経験が、発展していくかということを予想して計画することは、よい計画をたてるに当って欠くことのできない事がらである。そのためには、たとえば、前にも述べたように、季節の変化に適応した計画であるとともに、いろいろな行事を考慮し、これを適切に取り入れていることが必要となろう。行事には、学校・地域社会・国家・国際社会を単位とした行事もあるし、またいろいろな公共の団体の行う行事、たとえば、さまざまな奉仕活動や、教養や健康を高め生活の安全をはかる行事などがある。さらに学校放送のようにあらかじめ日時の定められたプログラムを指導計画のうちに適切に取り入れることもよいことである。また適切な学習環境の設定をも考慮しておくことがよいであろう。

(d) 地域社会の各種の機関との連絡を密接にしておくこと。

現代の学校教育では、学習は単に、学校内だけで行われるのではなく、広く地域社会を舞台として行われている。児童・生徒は、学習の必要に応じて、地域社会のいろいろな機関や場所に出かけて学習を行う機会が多い。したがって、1年の指導計画をたてるに当っては、あらかじめそれらの公共の機関や団体との連絡をじゅうぶんにとっておく必要がある。どのような時期に、どのような方法で、それらの機関や団体のところに調査や見学のために出かけたり、また、そこからどのような学習の援助を受けるのが適切であるかを調べておくことは、きわめて有効である。そうでなければ、せっかくの計画も不満足に終ったり、あるいは中止しなければならないようなことが起るであろう。

(e) 学習する単元や題目が適切に排列されていること。

単元や学習の題目などを、どのような順序で配列するかの計画は、学校の年間計画の中で重要な位置を占めるものである。単元や題目の配列に当って考慮すべきおもな事項としては、次のものをあげることができる。

(i) その学年やその教科の目標が、全体としてじゅうぶんに達成されるように、いくつかの単元や題材を選ぶこと。

(ii) 単元や題目の相互の間に有機的な、発展的な関係が考えられていること。

(iii) 学習内容や学習活動と季節や行事との関連は、無理なく取り上げられる限りにおいて考えること。

(iv) 各単元や各題材の指導に配当される時間は、単元や題材の学習内容を考えて適切に定めること。

(v) 単元や題材の配列は、弾力性をもち、児童・生徒の関心や問題の発展に応じて、修正しうるものであること。

(vi) 年間計画は弾力性をもち、実施の過程においてたえず改善されうるものであると考えていなくてはならないこと。

あらかじめたてた年間計画は、決して固定した動かしがたいものであると考えてはならない。実施の過程において、児童・生徒の活動の発展や学校や地域社会の事情から、新しい計画をつけ加えたり、すでに計画したものを修正したりすることができるように、弾力的な計画がたてられる必要がある。

(2) 月次計画と週計画のたて方

月次計画は、あらかじめたてられた年間計画に基いて、およそ、1か月ぐらいを単位として、さらに詳細な具体的な学習指導案をたてるために作られるものである。年間にわたっての計画と異なって、月単位ぐらいであれば、たとえば、学校や地域社会の行事にしても確定してくるし、学習活動の具体的な

発展について見とおしもつけやすい。

　年間計画のような長期間の学習指導計画は、長期間にわたっての学習指導計画の見とおしであるだけに、それを実施していった場合に、実際の経過との間にいろいろのずれが生れてくる。したがって、学習指導計画をたてなおしていくことが必要とされる。また実施の結果に基いて反省を加え、あらかじめたてた計画にも、新しい学習活動をつけ加えるとか、実施の順序をかえるというように、具体的に改善をしていく必要も起ってこよう。

　月次計画は、主として右のような理由からたてられるものである。週計画と違って、月単位の計画では、一つの単元、あるいは一つのまとまった学習の題目などの一連の大きなまとまりをもつ学習活動についての全体的な計画がたてやすい場合が多い。

　1週間の指導計画において、各種の学習活動をどのように組み合わせ、それに対してどのように時間を配当するかについては、特別なくふうを必要とする。週計画は、年間計画・月次計画と同じように、小学校と中学校とでは、細部においていろいろな違いがあるから、一様にはいえないが、ここでは週計画をたてるに当って、両者に共通に参考となる基準を示してみよう。

(a) 計画は、児童・生徒や学校の必要によって、変えうるような弾力性をもったものであること。
(b) 弾力性をもつといっても、児童会・生徒会のような活動、その他の打合せの会などのように定期的に行われる活動は、1週の一定の日に定めておくほうが望ましい。
(c) 各週の計画には、特別教育活動の時間配当を、適切に取り入れておく必要がある。
(d) 1週の計画の中で、身体的・知的・社会的・情緒的な各方面の経験が全体としてつり合いがとれるようにすること。したがって、各教科の1年間の配当時間は、1週間を単位として定める必要がある。
(e) 各教科間の連絡をはかること。教材・教具・教室・運動場の利用・見学・調査の活動、その他の学習活動で教師間の連絡をじゅうぶんにとる必要のあることが多い。したがって、教師間の連絡を密接にすることは指導上必要であり、またそれは効果的であり、能率的でもある。
(f) 1週間のうちで、いつ学習の能率が高まるかを考えて、計画をたてること。

　学習の能率は、週の初めよりも、1、2日あとに上昇し、いったん下がってまた週末に近くいくぶん上昇するということがいわれている。

　このような児童生徒の心身の疲労の度合と、学習のための作業困難度とがよく考え合わされて、1週間の教科配当をすることが望ましい。

　なお、日々の指導計画については、「Ⅱ、1．小学校の教科と時間配当」において述べておいたから、これを参照されたい。

(3) 小学校・中学校・高等学校の年間計画および週計画

　前項では、各段階の学校に通ずる指導計画の一般的な事項について述べた。この項では、各段階の学校の指導計画をたてるに当って、特に考慮すべき事項を述べることにする。

(a) 小学校の年間計画と週計画

　小学校では、原則としてひとりの教師が、その学級の全教科の指導を行うのがたてまえになっている。したがって、高等学校と比較して、教科間の連絡はとりやすい。しかも、その発達段階から考えて、ことに低学年では、いくつの教科の学習内容を統合して行うほうが効果的な場合がある。小学校の年間計画をたてるに当っては、このような小学校の特殊な事情と、児童の発達段階の特性をじゅうぶんに考慮することが必要である。

　年間を通じての学習指導計画をたてるに当って、よく行われる一つの方法がある。それは教科の関連を強調して、特定の教科、たとえば社会科を中心にして、他の教科の学習内容を統合していこうとするやり方がそれである。自然に関連し、融合しうる学

習内容の場合には、他の教科の内容を融合してとり扱うことは効果的であり、能率的であり、また望ましいことであるが、すべての場合に、それが可能であるとはいえない。形の上で統合を求めても、児童・生徒の経験のうちには統合されない場合がある。したがって、かような指導計画をたてる場合には、こどものうちにいかに、経験が統合されるかをよく研究した後になされねばならない。形の上の無理な統合は、学習の効果を高めるゆえんとはならない。

その他、年間計画や、さらに週計画をたてるに当って考慮すべき事項は、前項で述べた原則的な事がらが小学校に適用しうるであろう。また、日課表や週計画については、Ⅱ、1．小学校の教科と時間配当のところで述べてあるので、それを参照されたい。

(b) 中学校の年間計画、週計画
(i) 教科間の連絡

小学校では、ひとりの教師が、その学級の全教科を担当するのがたてまえであるから、教科間の連絡も、教科の自然の統合もなしやすい。しかし、中学校以上では、教科別担任が原則としてとられているから、ややもすると教科間の連絡がふじゅうぶんとなる。その結果、生徒の学習経験が断片的になって、すきまができたり、むだな重複があったりすることがある。したがって特に中学校以上では、学年や学期の初めに、さらに週の初めに、教師相互の連絡を密にして、各教科の有機的な連関をつけることが必要となってくる。

(ii) 選択教科の組合わせ

中学校においては必修教科と選択教科とがある。もちろん選択教科のうちどれをえらぶかは生徒の自由であるが、生徒が選択する前に、生徒や地域社会の必要に基いてどのような選択教科を学校が設けるのが適当であるかを定めなくてはならない。すなわち、生徒の希望、さらには職員組織や学習に必要な施設、地域社会の必要などを考慮して、それに基いて学校としての可能の範囲を定め、その範囲内においてできるだけ多くの組合せを設ける必要がある。

わけても職業・家庭科の仕事の組合せについては特にこの考慮が必要であろう。

(iii) 学校保健計画

保健体育科のうちの健康教育に関する課程は、中学校では70時間以上をこれに当てることになっている。こうした一連の教材をどの学年に配置するか、それが各教科における健康に関する学習とどんな関係にあるか、その学校の全学年を通しての健康教育の計画の中に、どのような位置を占めるかというようなことについて、じゅうぶん考えて計画をたてなければならない。そのためには、学校保健委員会のようなものを設けて、その意見をじゅうぶんに反映させることも一つの方法であろう。

(iv) 特別教育活動の計画

ホーム-ルーム・生徒会・生徒集会・クラブ活動のような教育的に有効な活動についても、あるものは毎週一定の時間に行い、あるものは、特定の時期に行うなど、その地域の事情や生徒の必要に応じて適切な年間計画をたてる必要がある。また、これらの活動と教科の学習との連関、結合についても適切な考慮が払わるべきである。

(c) 高等学校の年間計画、週計画

小学校・中学校の年間計画および週計画において考えた事がらのうち、教科間の連絡をはかるとか、特別教育活動の計画をたてるというようなことは、高等学校の場合にも、じゅうぶん考慮されるべきことである。特に、生徒の学習指導をいっそう効果的にするために、各教師がその担任の教科についての進度の計画をたて、他の教科を担任している教師と連絡をとることは、きわめて必要である。しかし高等学校では、選択教科の範囲が広いこと、および単位制を採用している関係上、年間計画や週計画のうちで学校全体としてなすべき重要なことは、時間割の作成である。そこで次に時間割の作成について述べることにする。これには次のような手順が必要とされよう。

(i) 予備調査

生徒の素質・能力・興味・将来の志望などを調べ、生徒とその両親と教師との三者で、選択する教科を定めることが必要であろう。そのためには、両親と教師との懇談会を開いて選択制の趣旨を徹底させるとともに、生徒の志望を明確にするために、予備調査表のようなものを用意して、これに記入させ、さらに個別的指導を行う機会をもつことが必要である。

第１学年では、３年間を見とおして、どんな教科をどんな順序で学習するかを決め、第２、第３学年ではすでに学習した教科とその単位の数とを考慮して決めるのがよいであろう。

（ⅱ）予備登録

（ⅲ）教科と教師と教室の割当を決め、選択表を作成配布する。

（ⅳ）本登録

（ⅴ）以上で、週時間割が決まるが、その際、生徒集会・図書館の使用・クラブ活動・ホーム-ルームの時間などを適当に教科の時間割の中に織りこむことが必要である。

Ⅴ　学習指導法と学習成果の評価

学習をする方法と、学習の成果を評価する方法とは、二つながら教育を効果的にするために大いに研究しなければならないことである。したがって、本書においてもこれらについて詳細に述べるべきであろうが、これらについては、すでにいくつかの手びき書も刊行されており、また今後も各教科について詳細なものが編集されることになっているから、ここでは、指導法と評価について重要と思われる点を指摘しておくにとどめたい。

1.　教育課程と学習指導法

教育課程は、学校の指導のもとに児童・生徒のもつすべての経験や活動の系列であるということは、すでに述べたところである。児童・生徒が望ましい経験を重ね、有効な活動を行うためには、学習内容の計画のみではじゅうぶんではない。学習内容のよい選択とともに、すぐれた指導法がそれに伴わなければならない。前に、学校における学習経験の組織は、それによい指導法が伴わなければならないといったのも、こうしたわけからである。学習指導法が適切に行われることによって、はじめて望ましい知識・理解・態度・習慣・鑑賞・技能を養うことができる。

指導法は教育内容から離れて、それだけが独立して存在するものではない。内容から離れた方法は、一つの空虚な概念にすぎない。個々の教材をよく研究し吟味することによって、それに最も適した指導法が考え出される。また教育課程が児童・生徒の発達に即さねばならないということは、同時に指導法が児童・生徒の発達に応じたものでなければならないことを意味する。それがために、児童・生徒をよく理解することが有効な指導法を考える基礎となる。すなわち、教材の研究と児童・生徒の理解とは、学習指導法を考える場合の基礎となるものである。このように、教育課程と学習指導法とは密接に結びついている。われわれは常に両者の深い関係を忘れてはならないのである。

2.　学習の指導を効果的に行うには、どんな問題を研究すべきであるか

学習の指導とは、教師が児童・生徒の学習に協力し、これを援助して、能率的効果的に学習が行われるようにすることである。したがって、よい学習指導が行われるためには、教師としては、次のような問題をじゅうぶん研究する必要があろう。

（a）学習指導の方法は、児童・生徒の発達段階に即して、それに適応するものでなくてはならないこと。

学習指導の方法には、多様なものがある。しかしすべての方法がすべての学年に適するとはいえない。主として、低学年に有効な方法もあろうし、また、高学年において有効な方法もあろう。また同じ方法でも低学年と高学年とではその取扱いを異にしなければならないであろう。したがって児童・生徒の知的、社会的、情緒的、身体的などの発達段階の特性

に応じて、学習指導の具体的な方法をどのようにくふうしたらよいかは、教師にとって基礎的な研究問題である。

(b) 学習者に対して、どうしたら学習の目的をじゅうぶんにはあくさせることができるかということ。

学習者みずからが、今どのような問題を研究しようとしているか、どのような題材の学習に当っているかということを、じゅうぶん自覚していなければ、有効な学習をすすめることはできない。このことは、言い換えれば、児童や生徒が学習の目的をよく理解し、目的に向かって進もうとする意欲をもち、学習の始めから終りまで、この目的意識が持ち続けられなければないないということである。したがって、学習者に学習の目的をはあくさせるには、どうすべきかの研究はきわめてたいせつであるといわねばならない。

(c) 学習者の知識や経験的背景についてよく知ること。

すべての学習は、学習者が既にもっている知識や経験を土台として発展する。したがって、教師は児童や生徒が既にどのような知識や経験をもっているかをよく知って、適切な材料を与えるようにしなければならない。

(d) 児童・生徒の思考活動の性質をよく知ること。

学習は思考のみによって行われるものではないが、その大部分は児童・生徒の思考活動に依存している。したがって、児童や生徒の思考活動の発達、その性質について知らなければ、効果的な学習の指導はできないといえる。

(e) 多様な各種の指導法を用いること。

児童・生徒の学習を刺激するとともに、学習の効果をあげるためには、学習の進行の過程に応じ、教材の性質に応じ、多様な各種の指導法を用いる必要がある。終戦後の教育の新しい展開に伴って、それ以前の指導の方法がすべて否定される傾向があった。

しかし、それらの中にも、今日の新しい教育のうちに適切に生かすことによって、じゅうぶん効果的な学習を進めていくことのできる方法もあることを忘れてはならない。また、視覚聴覚の教材・教具を豊富に用いること、学校図書館をじゅうぶんに活用することなどは、児童・生徒の経験を豊かにする上に欠くことができないであろう。

(f) 個人差について配慮を怠らないこと。

児童・生徒は、その興味・能力・必要においてそれぞれ個人差をもっている。教育は個々の児童・生徒の可能な最大限の発達を願って行われるものであるから、個々の児童・生徒のもつ個人差について、じゅうぶんな注意が払われ、それに適応した指導法がとられねばならない。

(g) 学習環境の改善をはかること。

児童・生徒の学習の進歩や、行動の変化は、その環境に左右されるところが多い。児童・生徒の望ましい成長発達を期しうるように、常に学校の設備や施設・材料について、これを改善し、常に合理的でしかも新鮮な学習環境を作り出すようにくふうしなければならないであろう。

(h) 常に教師としてののぞましい態度を保つこと。

教師は、児童・生徒の学習のよき案内者であるとともに、その一挙手一投足は、児童・生徒の成長発達にとっての有効な環境となっている。したがって、教師たるの望ましい資質を身につけ、よい学習のふんい気を作りだすように努めなければならない。

以上は、研究すべきおもな項目をあげたにすぎない。これらの事項については、さらにいっそうつき進んだ研究を必要とするであろう。この研究のためには、文部省から発行された「小学校における学習の指導と評価」「小学校社会科学学習指導法」「中学校・高等学校における一般学習指導法」は役だつところが多いであろう。

3. 学習成果の評価

　児童や生徒の望ましい成長発達を助けるために、われわれは、教育課程の構成に苦心したり、学習指導法についてくふうしたりする。教育課程や学習指導法が、はたして児童・生徒の望ましい発達に寄与したかどうかということは、児童・生徒のうちに望ましい思考や行動の変化が起ったかどうかによって判断される。ひとりひとりの児童・生徒の思考や行動が教育の目標に照して、どのように変化したか、そして、それは民主的な社会の進歩に対してどんなに役だったかを絶えず反省して行くことが、学習成果の評価の本来の意味である。

　このような評価を絶えず行うことによって、児童・生徒の進歩の程度を知りうるとともに、指導法や教育課程が適切であったかどうかをも反省することができる。したがって、評価を行うことによって、個々の児童・生徒の学習成果を知って、これからの指導の出発点をはっきりさせたり、その指導計画に改善を加えたりする手がかりを見つけだすことができる。こうしたことによって学習指導の効果をいっそう高めることができるのである。

　以上は学習の成果の評価の意味を教師の側から考えたのであるが、これを学習する児童や生徒の側に立って考えてみると、このような評価をするということは、自分の学習がその目ざすところにどれだけ近づいているかを、はっきり知る機会となり、これによってかれらもまた、これからの学習をいかにすべきかを考える材料を得ることができ、学習の効果をあげていくくふうをすることができる。さらにたいせつなことは、児童や生徒は、かれら自身の学習について自己評価を行うことによって、かれら自身のうちに評価の眼を養うことができ、民主的な成員としてのよい資質を得ることができるのである。

　このような評価は、教育の効果を高めるために欠くことのできないものである。しかし、学習成果の評価を、適切に行うためには、評価の観点が正しく教師にとらえられていなければならない。評価の観点は、指導の目標とか、ねらいとかいわれるものと表裏の関係をなすもので、目標をひるがえせば、評価の観点となるものである。したがって、教師としては、指導計画をたてるに当って、指導の目標を具体的にはっきりととらえておく必要がある。学習成果の評価が、往々にして、形式的になったり、その要点を失ったものとなったりするのは、教師が、指導の目標なり、ねらいなりを、学習の対象・教材の性質に応じて、具体的に分析して明確にしていないことに基くことが多い。

　また、評価は、評価しようとする対象に対して、これが正しく行われなければ、その価値を失うことになる。ことに教育の目標がただ児童・生徒の知識や技能を高めることのみならず、民主的な生活のしかたを習得させようとする場合、評価の対象は広く人格の発達の各方面にわたらねばならない。そこで、単に知識や技能の進歩の状況を客観的に調べる方法のみならず、全体的に人格の発達をも判断できる方法を用いねばならない。すなわち評価には、各種の方法があるが、それらを評価の目的に照して適切に用いるとともに、常に人格の全体的発達の観点から、これを総合的に判定することを忘れてはならないのである。

　各種の評価の方法は、それぞれその特色をもつとともに、それぞれの限界をもっている。どの評価の方法も一つだけでは完全とはいえない。われわれは、数多くの評価の方法を研究し、その長所と短所とを知り、いくつかの方法をあわせ用いることによって、学習の成果をあらゆる面から正しくとらえるように努めなければならない。

　個々の評価の方法については、昭和22年度の学習指導要領一般編に詳細に述べられ、またその後文部省から発行されたいくつかの手びき書にも、これを補って詳しく述べられているから、これらの書物をじゅうぶんに参照せられたい。

中庭の思い出

山形県山形市立鈴川小学校長
佐藤友宏

　令和元年を迎えた記念すべき5月1日は、本校の創立145周年の記念日でもあった。記念事業で中庭に砂場を造ることになったが、予算はわずかで、業者見積もりにはほど遠く、職員作業とPTA奉仕作業、それに、子供たちの手を借りて造ることになった。

　中庭は1377㎡あり、校舎に囲まれ、北校舎の1階の1年生の教室から非常口でつながっているため、1年生の遊び場として、全学年の栽培学習の場としても活用されている。

　また、ノダフジ、コウバイ、ハクバイ、ヤマボウシ、シデコブシ、カツラ、ハクウンボクを含め23種もの樹木があり、池もあり、環境の豊かさは一品にふさわしいと考えた次第である。

　さて、連休の後から、職員数名でもともと花壇に使っていた雑草で生い茂った1区画約44㎡の砕石土を掘り上げる作業に入った。

　1年生から6年生の有志が、「お手伝いしていいですか」「ぼくも手伝います」と移植ベラやスコップ、一輪車を使って、手伝ってくれた。2、3階の窓からは「校長先生がんばってください」と励ましの声が上がり、作業に熱が入る。

　作業開始5月7日から25日でようやく作業は完了した。そして、完了時刻はPTA奉仕作業開始6月8日（土）の午前7時の10分前で、数名の職員が5時前に来て、前日できなかった作業をしてくれたのである。感謝で一杯だった。

　PTA奉仕作業当日は6時頃から雨となった。砂場となる所にブルーシートで屋根を張ったことで作業はあまり濡れずに行うことができた。職員合わせ作業に当たったのは40名ほど、準備した砂は5㎡。バケツリレーと一輪車での搬入で、1時間もしないで砂はなくなってしまった。業者には作業の様子を見て追加の砂を運んでもらう予定だったが、間に合わず、作業は終了。後は、全児童638名に託すことにした。6月14日から6日間で朝・中間休みを使って、1年生から1人バケツ1杯運び入れると、概ね満杯になる予定で、最終日は6年生に締めてもらうことにしている。

　中庭に、子供たちが遊び、学習するための砂場を造ろうという夢がもう少しで実現する。まだ未完成ではあるが、もう子供たちは砂場で遊び始めた。

　学校の中庭で、令和元年度に砂場をみんなで造ったということは、子供たちも保護者も教師も一生忘れない思い出となることだろう。中庭の砂場のある風景とともに。

校訓「努力は必ず報われる」

静岡県伊豆市立中伊豆中学校長
相馬美樹子

　グラウンドで白球が弧を描き歓声があがる。振り向くと校碑が目に入る。「努力は必ず報われる」と、昭和53年に文部大臣を歴任した海部俊樹さんの揮毫された文字が刻まれている、苔むした岩。古い校舎の歴史とともに多くの生徒に愛されたその言葉は、本校の校訓となっている。

　他校に勤務していた新任教諭時代に、初めて朝礼で、この言葉を知り、よい言葉だなと校長先生の真似をして学級通信に掲載していた。今、思い返すと中伊豆中学校から転勤されてきた先生であった。

　そして、令和元年度静岡県中学校総合体育大会地区夏季大会前夜の職員室。初任者に「試合当日、選手に何を語るか」と質問したところ、ベテランから中堅、教頭まで話題に加わった。

　「今日の勝ち負けではなく、ここまでの道のりが人生の宝。一番大事なことは今日までの努力。どんなピンチも笑顔で乗り切ろう」

　「心細くなったらベンチを見なさい。俺は、いつも一緒に戦っている」

　「この一球は無二の一球」

　「1年生は精一杯の応援を、2年生は先輩の力となり、3年生は自分たちの全てを出し切る。これが伝統だ」

　「一生懸命はかっこいい、それがチーム中伊豆中」等、久しぶりに愉しいひとときとなった。

　二度とない中学時代に夢中でボールを追いかける日々に寄り添う教員の熱い心と一人一人の生徒の顔が浮かぶ。怪我も仲違いも技術面の悩みも乗り越えて、今、君たちは15歳の夏を迎える。どんな結果であれ、青春は美しい。宝物は技術の進歩だけでなく、共に汗と涙を流して築いた先輩、後輩との友情や、支えてくださった方々の応援に感謝する、一回り大きくなった自分である。

　中伊豆中着任時の入学式の校長式辞で、この校訓に触れた。その後、本校の卒業生であった来賓の方やPTA会長さんが祝辞で、改めて校訓を生涯の支えとしているというエピソードで繋がれた。統廃合が決定となり、母校が消えていく在校生や卒業生の心を繋ぐ校訓に感動したと、地域の方が天城木材の校訓の焼き印レリーフを届けてくださった。郷土の小説家井上靖先生の言葉「努力する人は希望を語り、怠ける人は不満を語る」を思い出し、胸が温かくなった。

　校訓のレリーフは今日も玄関で、生徒たちを迎え、見送っている。

現場発！ 教職員一丸の学校づくりを実現する新発想！

「学校経営マンダラート」で創る新しいカリキュラム・マネジメント

大谷俊彦 [著]

B5判・定価（本体2,000円＋税）送料300円　＊送料は2019年6月時点の料金です。

カリマネ、資質・能力育成、チーム学校。新課程の諸課題に答えます！

◆「学校経営マンダラート」とは
アイデア発想法としてデザイン界で開発された「マンダラート」。ロサンゼルス・エンゼルスの大谷翔平選手が花巻東高時代に、自らの目標達成シートとして活用したことが大きな話題となっています。「学校経営マンダラート」は、これをカリキュラム・マネジメントに応用した独創的な「カリネマ」手法です。

◆「どのように役立つ」？
「学校経営マンダラート」の作成法、活用法、PDCAの手法などを詳細に解説。これに基づいて著者が校長として取り組んだ本山町立嶺北中学校の実践や成果を紹介。実践的・効果的な学校運営の手法を提案し、学校現場を強力にサポートします！

基礎・基本を踏まえ、実効のある授業づくりに挑戦する、教師のためのサポートブック！

新教育課程を活かす
能力ベイスの授業づくり

齊藤一弥・高知県教育委員会 [編著]

A4判・定価（本体2,300円＋税）送料350円
＊送料は2019年6月時点の料金です。

◆指導内容ありきの授業から、
「育てたい**資質・能力**」を起点とした授業へ！
学びの転換に求められる教師の
「勘どころ・知恵・技」を凝縮。

 株式会社ぎょうせい

フリーコール
TEL：0120-953-431 [平日9〜17時]　**FAX：0120-953-495**

〒136-8575 東京都江東区新木場1-18-11

https://shop.gyosei.jp　ぎょうせいオンラインショップ　検索

学校教育・実践ライブラリ　Vol.4
働き方で学校を変える～やりがいをつくる職場づくり～

令和元年8月1日　第1刷発行

編集・発行　　株式会社 ぎょうせい

　　　　〒136-8575　東京都江東区新木場1-18-11
　　　　電話番号　編集　03-6892-6508
　　　　　　　　　営業　03-6892-6666
　　　　フリーコール　　0120-953-431
　　　　URL　　https://gyosei.jp

〈検印省略〉

印刷　ぎょうせいデジタル株式会社
乱丁・落丁本は、送料小社負担のうえお取り替えいたします。
©2019　Printed in Japan.　禁無断転載・複製

ISBN978-4-324-10613-6（3100541-01-004）〔略号：実践ライブラリ4〕